全国首套温泉旅游管理高等教材

温泉旅游理论、实践与案例研究

RESEARCH ON THEORY、PRATICE AND CASE OF HOT SPRING TOURISM

王永强　主　编
刘炳献　副主编

北京·旅游教育出版社

责任编辑：孙延旭

图书在版编目(CIP)数据

温泉旅游理论、实践与案例研究 / 王永强主编. —
北京 : 旅游教育出版社, 2013.11(2017.12)

ISBN 978-7-5637-2799-5

Ⅰ.①温… Ⅱ.①王… Ⅲ.①温泉—旅游业发展—研究 Ⅳ.①F590.7

中国版本图书馆 CIP 数据核字(2013)第 240018 号

温泉旅游理论、实践与案例研究

王永强　主　编

刘炳献　副主编

出版单位	旅游教育出版社
地　　址	北京市朝阳区定福庄南里 1 号
邮　　编	100024
发行电话	(010)65778403 65728372 65767462(传真)
本社网址	www.tepcb.com
E-mail	tepfx@163.com
印刷单位	北京京华虎彩印刷有限公司
经销单位	新华书店
开　　本	787 毫米×960 毫米　1/16
印　　张	12.5
字　　数	194 千字
版　　次	2014 年 1 月第 1 版
印　　次	2017 年12月第 4 次印刷
定　　价	33.00 元

(图书如有装订差错请与发行部联系)

序

中国是温泉地热大国，国家地质部门已经探明的温泉有3700多处。现已开发的温泉约有1600多家。西藏、云南、广东、河北、重庆、湖北、天津、福建、北京、海南、辽宁、湖南等省、市、自治区都是中国温泉地热资源丰富的地区。

在温泉地热资源的基础上，中国温泉旅游业目前已基本形成了产业布局。许多地方政府都制定了与温泉相关的旅游开发战略和政策。温泉旅游在各地旅游发展中声名鹊起，成为旅游产业的新亮点和新名片。典型的例子包括："中国温泉之都"的重庆、福州、天津；"温泉养生度假王国"的云南；"国际温泉名城"的南京汤山；"中国地热城"的陕西咸阳、山东临沂；"中国温泉之城"的云南洱源县城、辽宁葫芦岛市兴城和辽阳市弓长岭区；"中国温泉之乡"的广东恩平；"全国温泉开发利用示范区"的湖北汤池温泉、连云港东海温泉。

然而，产业的发展亟需科学的思想和理论进行专门化的指导以提升产业的整体竞争优势。对温泉休闲旅游的研究应采取和综合运用多种不同的方法，这些方法包括：观察法、调查法、实验法、历史方法、民族志以及案例研究的方法。本书采用案例研究的方法，对特有的温泉世界进行逐一分析和阐述，力图展示温泉企业经营管理的各个方面。案例研究的长处在于，它可以同时满足偏于定量的假设—演绎（hypothetico - deductive）和偏于定性的整体—归纳（holistic - inductive）两种不同的旅游研究范式，与其他研究模式相比体现出更大的灵活性。因此，案例研究法将会在温泉休闲旅游领域得到广泛运用。

本书主编王永强副教授在澳门科技大学获得管理学博士学位，曾先后任职于广州中国大酒店、澳门中旅集团有限公司、广东中旅网络技术有限公司、海南大学、澳门科技大学等大型旅游企业和高等院校，进行旅游经营管理实务和教学工作，并多年来一直从事旅游前沿领域的研究和教学。考虑到休闲事业在经济发展中日趋体现出的重要性，王永强副教授所在的旅游研究所将休闲事业研究作为重点研究领域之一。作为王永强副教授的好友，我为有这样一个专注于共同研究兴趣的同侪而感到幸运，这是使我继续留在学术研究领域的一个很大的动力。我们一起探讨中国休闲旅游未来发展的那些岁月是我学术成长中的一段重要时光。

鉴于温泉产业的蓬勃发展和现代服务业对休闲游憩产品的需求，本人多年来在吉林大学珠海学院开设多门与温泉休闲旅游相关的课程，同时将研究的重点放在温泉旅游企业的经营管理、温泉旅游地策划与规划以及温泉企业战略发展等领域。在研究和授课过程中，发现可作为教科书使用的书籍相对缺乏，尤其是尚无温泉企业的经营案例书籍。本书恰可填补这一空白，为课堂增加鲜活的案例教学素材，为科研工作提供精彩的案例研究来源。为了使温泉旅游这一休闲产业的重要分支得以可持续发展和长期繁荣，希望有更多的温泉研究作品和教材问世。

是为序。

傅轶

二〇一三年四月三十日

前言

温泉旅游是为旅游者提供的以体验温泉、感悟温泉沐浴文化为主题，达到温泉养生、休闲、度假等目的的旅游。随着人们生活水平及生活品位的提高，观光旅游正在逐步向休闲旅游转型。当人们的脚步开始慢下来，“泡温泉”就成了一个让人身心舒展的上好项目。温泉有医疗保健等诸多功效，大多在田园乡间，如今城市私家车的普及，使得周末去温泉疗养度假一番已经不是可望不可及的事情。

温泉旅游集旅游、休闲、健身于一体，正在成为休闲度假旅游的一大热点，温泉经济更是被称为朝阳产业中的朝阳。温泉旅游行业发展和温泉旅游经营管理离不开人才以及人才教育和培训，这些都需要教材建设。目前我国温泉旅游研究相对滞后于蓬勃发展的温泉旅游行业实践，作为全国首套温泉旅游管理高等教材系列中的一部分，本书是根据我国温泉旅游行业发展的特点和温泉旅游教育的需要而编写的。由于温泉旅游教育主要是以高等职业教育为主的一种就业教育，它应强调理论的应用性和人才培养的实践性。基于这种认识，在本书的编写过程中，我们在突出温泉旅游经营管理的基础知识和基本方法的基础上，以案例研究和案例分析为主，强调基础理论应用和实践教学，强调理论性、实用性相结合的原则，力争符合应用型人才培养的目标，体现职业性与学科性、一般原理与典型案例相结合的特色，注重对目前温泉旅游经营管理理论和方法的总结，具有一定的创新。

按照出版社的要求和编者的初衷，在撰写这本案例教材的过程中，希望能建立新的框架，突出创新、实用和适度超前。但在搜集资料的过程中，我们发现目前国内外尚无同类的教材，因而需要自行确定编写体例和具体内容。本书作为温泉案例教材的尝试，共划分为四大部分。第一部分是资源篇，以理论、案例的形式，围绕温泉资源的种类、评价、规划、开发、环境保护等五个方面进行了一定程度的探讨；第二部分是营销篇，重点对温泉企业的营销进行了一定程度的探讨；第三部分是管理篇，着重探讨了温泉企业管理中遇到的诸多现实问题；第四部分是服务篇，对提高对客服务的艺术水平，给予客人难忘的服务体验等进行了着力阐释。整本书以温泉企业经营管理中的实际案例为主线，结合相关理论探讨了温泉旅游开发和管理中的实践问题。

本书可作为高等院校旅游管理专业及温泉旅游等相关专业方向的案例教材，也可作为温泉旅游职业教育、温泉企业内部培训及从事温泉旅游研究和实际经营管理工作的人员的参考书。

本书的编写者大多是拥有丰富行业实践经验并活跃在旅游高等教育第一线的教师，他们在行业实践和教学实践中，从不同的角度积累了一定的经验，并力求在这部书中得到系统的反映。

在编写团队中，主编王永强博士，先后求学于中山大学、澳门旅游学院、中南财经政法大学、澳门科技大学等高校，并先后任职于广州中国大酒店、澳门中旅（集团）有限公司、广东中旅（集团）有限公司、澳门理工学院、海南大学、吉林大学珠海学院、澳门科技大学等机构，拥有丰富的旅游业实践经验和较高的理论水平，负责本书的策划统筹、大纲编写、前言和全书的修改统稿。副主编刘炳献讲师，硕士毕业于广西大学，现任教于吉林大学珠海学院旅游管理系，担任度假地与温泉旅游管理专业方向负责人和教研室主任，是年轻的温泉旅游管理学人，负责本书第三部分管理篇的编写工作和协助全书的修改统稿。本书的其他作者，朱景山讲师，博士就读于澳门科技大学，现任教于珠海城市职业技术学院经济管理学院旅游管理系，负责本书第一部分资源篇的编写工作；王红副教授，博士毕业于东北大学，现任教于海南大学旅游学院市场营销系，拥有丰富的市场营销的实践和教学经验，负责第二部分营销篇的编写工作；杨柳对第二部分进行了详细修订；程巍讲师，硕士毕业于华中师范大学，现任教于吉林大学珠海学院旅游管理系，担任旅行社管理专业方向负责人和教研室主任，拥有丰富的服务管理的实践和教学经验，负责第四部分服务篇的编撰工作。此外，吴淑敏先生协助对本书进行了修订和排版。

本书作为御温泉国际与吉林大学珠海学院合作出版的全国首套温泉旅游管理系列教材中的一部，其内容凝结了校企双方多年的温泉旅游管理实践与理论教学的心得，顺应了我国温泉旅游发展趋势。御温泉国际的首席执行官吴江徽先生全程参与本教材的策划并对全书进行了细致的审阅，在此我们对他的敬业精神以及对温泉产业的巨大热忱致以由衷的敬意。需要指出的是，尽管作者们给予编写工作以极大的热情和认真的态度，但由于水平所限，同类书籍和参考资料又相对缺乏，作为国内第一本温泉旅游的案例教材，本书中难免有疏漏和错误，在此，诚恳希望同行专家、温泉旅游实践者和广大读者批评指正。

编者

2013 年 4 月

于吉林大学珠海学院

目录

CONTENTS

第一部分 资源篇

【背景知识】

温泉，作为一种珍贵的地热资源，不仅是医疗、农业、工业上的宝贵资源，也是发展旅游业的重要自然条件。近些年以来，温泉在世界各地的开发已经进入了比较成熟的阶段。在中国，温泉作为旅游资源予以开发始于 20 世纪 80 年代后期，真正形成规模则是 21 世纪初。近两三年来，中国温泉旅游业发展突飞猛进，各地围绕着各种各样的温泉，建设了沐浴、养生、休闲、度假多种产品体系，使得享受温泉成为现代社会重要的健康时尚和生活方式。

本章以理论、案例的形式，对温泉资源的种类、评价、规划、开发、环境保护等五个方面进行了一定程度的探讨。

1. 温泉概念

温泉是以其温度和所含的特殊矿物质成分、气体成分、放射性元素等而区别于一般的常温泉水或地下水。由于我国一直没有出台温泉法，目前还没有关于温泉的法定的科学定义。

根据国内第一部温泉业界、由御温泉牵头行业编写的地方标准《广东温泉旅游服务规范》的描述，广为社会接受的温泉定义是：温泉是指水温高于或等于一定温度，含有益于人体的矿物质和微量元素的地下温热水或出露泉。

从旅游自然资源的角度来说，温泉是指水温高于或等于一定温度，含有对人体有益微量元素的可以作为旅游资源加以利用的地下温热水或出露泉。

由于气候、纬度、海拔高度的变化，各个国家或者一个国家的各个地区温泉的温度标准略有差异。如：中国的内地、中国台湾地区、日本、韩国和南美洲的一些国家采用的温泉温度是 25℃以上；英国、法国、德国、意大利等欧洲国家采用的是 20℃以上；美国则规定 21.1℃以上的地下矿泉为温泉。又如：中国海南对温泉的温度界定为摄氏 32℃；中国广东则对温泉的温度界定为 40℃。

2. 温泉旅游概念

温泉旅游是以沐浴温泉为主要内容，以体验温泉、感悟温泉文化为主题，从而达到养生、休闲、度假目的的旅游活动。

可见，温泉旅游是温泉与旅游相结合的产物。因此，温泉旅游不但丰富了旅游产业的内涵，更蕴含着极高的商业价值、广阔的市场前景和极佳的投资潜力。

温泉旅游不是观光旅游，也不是商务旅游，温泉旅游是体验旅游。温泉旅游是旅游者亲身体验温泉水，通过水温、水中含有的矿物质和微量元素的物化作用及环境的影响，得到一种感觉，一种精神的、生理的、体能的享受，是身、心、魂的升华。

3. 温泉资源的概念

正如温泉的定义，温泉是以其温度、所含物质等可为人类利用而成为资源的。

温泉资源是指那些具有可为社会利用的物理化学性质、具有一定的流量以及很好区位的温泉。

4. 旅游资源的概念

关于旅游资源的概念，不同的学者有不同的表述，尚未形成一个为学界公认的旅游资源定义。

本书采用了由国家旅游局资源开发司、中国科学院地理研究所在 1992 年制定的《中国旅游资源普查规范（试行稿）》中对旅游资源的定义："自然界和人类社会凡能对旅游者产生吸引力，可以为旅游业开发利用，并可产生经济效益、社会效益和环境效益的各种事物和因素都可视为旅游资源。"

5. 温泉旅游资源的概念

综合以上温泉资源和旅游资源的概念，不难总结出温泉旅游资源的概念，即：自然界和人类社会凡能对温泉旅游者产生吸引力，可以为温泉旅游业开发利用，并可产生经济效益、社会效益和环境效益的各种事物和因素，都可视为温泉旅游资源。

6. 温泉资源的种类

目前，世界上对温泉的分类尚无统一的标准，大体说，主要按温泉的温度、化学成分、渗透压、酸碱度和理疗作用等进行分类。下面主要介绍中国台湾和日本温泉的类型。

台湾地区温泉分类可依化学成分、地质、热源、温度与 PH 值作为分类标准，分别叙述如下：

（1）依化学成分分类：依据温泉水中所含主要的阴离子成分，可将温泉分为氯化物泉（氯为主要的阴离子成分）、硫酸盐泉（SO_4^- 为主要的阴离子成分）与碳酸盐泉（CO_3^{2-} 或 HCO_3^- 为主要的阴离子成分）。

（2）依地质类：台湾温泉可分为火山岩区、变质岩区和沉积岩区三种地质环境。

（3）依热源分类：有火山性热源温泉与非火山性热源温泉两类。

（4）依温度分类：根据泉温的高低可分为高温温泉（泉温高于 75℃ 的温泉）、中温温泉（泉温介于 40℃ 至 75℃ 之间的温泉）与低温温泉（泉温低于 40℃ 的温泉）。

（5）依 pH 值分类：可以分为酸性温泉（pH 值小于 3）、弱酸性温泉（pH 值介于 3 ~ 6 之间）、中性温泉（pH 值介于 6 ~ 7.5 之间）、弱碱性温泉（pH 值介于 7.5 ~ 8.5 之间）、碱性温泉（pH 值超过 8.5）。

日本温泉可按不同方法分出很多类别。若按涌出方式，可划分为普通泉、间歇泉等；若按化学元素又可划分为二氧化碳泉、硫酸盐泉、铁泉等；若按酸碱值划分，则可分为酸性温泉、中性温泉、碱性温泉。目前，根据泉质所含成分不同进行分类，共分为 11 种类型：单纯温泉、二氧化碳泉、碳酸氢盐泉、盐化物泉、硫酸盐泉、含铁泉、含铝泉、含铜铁泉、硫磺泉、酸性泉及放射泉。

7. 温泉旅游资源调查概念

温泉旅游资源调查是按照温泉旅游资源的分类标准对温泉旅游资源单体进行的研究和记录。即运用科学的方法和手段，有目的、有系统地收集、记录、整理、分析和总结温泉旅游资源及其相关因素的信息与资料，以确定温泉旅游资源的存量状况并为旅游经营者提供客观决策依据的活动。

温泉旅游资源调查是进行温泉旅游资源评价、开发、规划及合理利用保护的最基本的工作。通过调查，可以查明可供利用的温泉旅游资源状况，系统而全面地掌握温泉旅游资源的数量、质量、性质、特点、级别、成因、时代及价值等，为温泉旅游资源评价、开发规划和合理利用等做好准备，为旅游业发展提供决策依据。

8. 温泉旅游资源评价的概念

温泉旅游资源的评价是在温泉旅游资源调查的基础上，对温泉旅游资源的规模、质量、等级、开发前景及开发条件进行科学的分析和可行性研究，为温泉旅游资源的开发规划和管理决策提供科学依据。

具体来说，关于温泉资源的评价，旅游学者从温泉的温度（划分高、中、低）、温泉地数、涌出量（包括自然涌出与动力涌出）、所含成分进行考虑；从温泉旅游资源性评价角度，强调客源市场（依托都市的规模、经济基础）、温泉地的收容容量及其他观光资源的配置状况、交通条件等因素的重要性。

9. 温泉旅游资源规划

“规划”一词有狭义和广义之分。狭义的理解，规划是指制订或实施某种计划的过程。而广义的理解，规划则是指人类基于对研究对象变化规律的认识，根据现存条件，对未来活动有意识、有系统地安排。

根据对规划广义和狭义概念的理解，结合温泉旅游资源的特点，可以将温泉旅游资源规划定义为：温泉旅游资源规划是指在温泉旅游资源调查和评价的基础上，针对温泉旅游资源的属性、特色和旅游地的发展规律，根据社会、经济和文化发展趋势，对温泉旅游资源进行总体布局、项目技术方案设计和具体实施。其中，经济、技术是温泉旅游资源规划开展的先决条件，正确处理旅游业发展同环境、同温泉旅游资源的保护之间的关系是前提。

10. 温泉旅游资源开发

狭义的温泉旅游资源开发是指单纯的温泉旅游资源利用的技术。广义的温泉旅游资源开发是指在温泉旅游资源调查和评价的基础上，以发展旅游业为目的，以市场需求为导向，有组织有计划地对温泉旅游资源加以利用，发挥、改善和提高温泉旅游资源对旅游者吸引力的综合性技术经济工程。

一、资源种类

【案例一】日本温泉

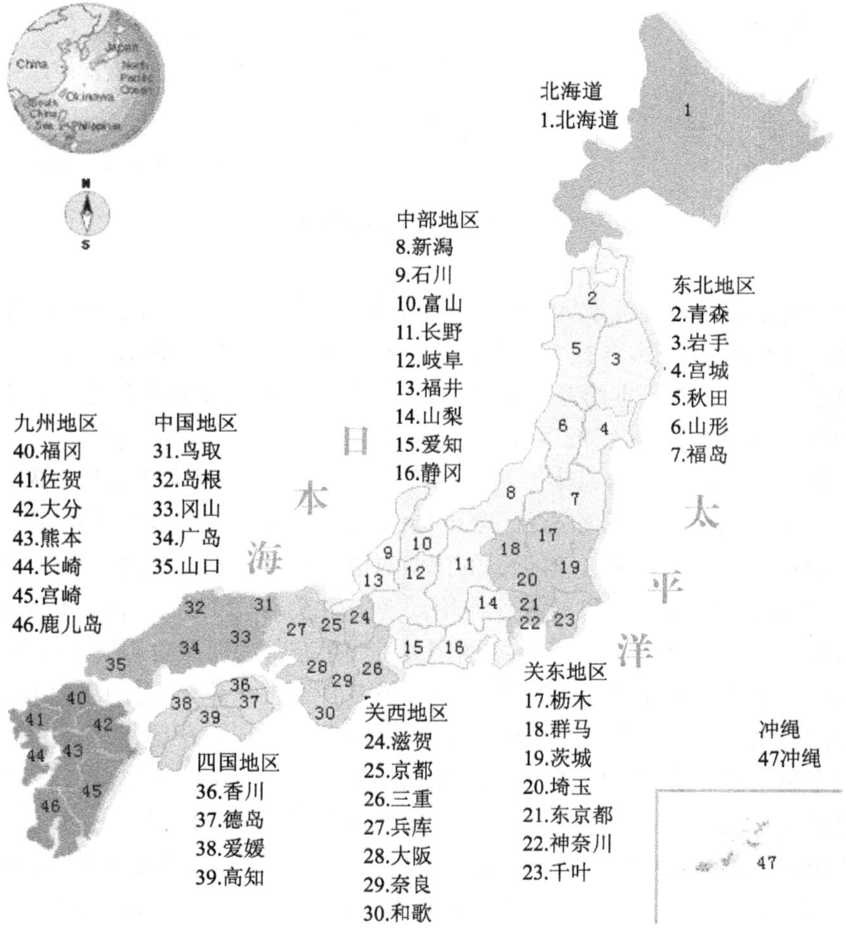

图 1-1 日本温泉分布图

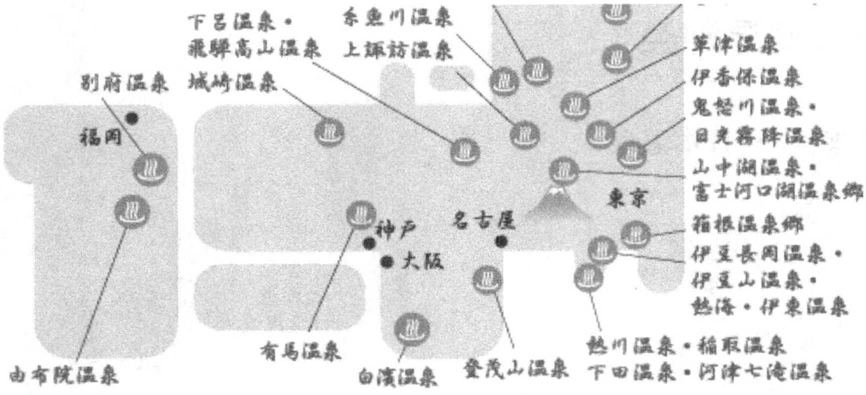

图 1－2　日本温泉分布图

频繁的地壳运动造就了日本星罗棋布的温泉，从海上小岛到山中秘境，处处都有可养颜、健身的泡汤或各式观赏性温泉。日本从北到南有 2600 多座温泉，有 7.5 万家温泉旅馆。每年日本约有 1.1 亿人次使用温泉，相当于日本的总人口数。因而，日本有“世界温泉王国”的美称。

在日本的《古事记》、《日本书纪》等古老历史文献中就有关于天皇泡温泉的详尽描述，说明在很久以前日本人就已经学会了利用温泉。到了奈良时代，由于佛教的传入，各地兴建寺庙，其中，僧侣们的沐浴对温泉开发起到了很大的促进作用，在那时人们就已经发现了温泉的治疗作用。平安时代的《万叶集》中关于神奈川县的汤河原温泉、长野县的上山田温泉的记载说明了东部的温泉也得到了开发，温泉当时主要被用作贵族和僧侣们休闲、治疗以及各种宗教活动，那时的温泉与宗教有着很深的联系。源赖朝开创镰仓幕府，将首都从京都搬到镰仓后，东海、东北、甲信等地的温泉也开始出现在史料文献中，患病的僧侣们为了治疗而出发去各地温泉。在室町时代，温泉成为了达官贵人等的休闲娱乐场所，并不对一般民众开放。到了安土桃山时代，温泉已经很广泛地被用于治疗负伤的士兵，尤其是在甲州和信州，武田信玄以及真田幸村等战国武将们都有自己的“秘汤”。到了近代的江户时代，由于医学还不是十分发达，温泉的医疗效果备受重视，从而得到了很大程度的开发。在这个时期，不光将军、名流间盛行温泉治疗，一般民众也开始享受温泉。

日本文字中，“地狱”就是地热温泉的意思，因而不少地热温泉被贯以“地狱”之名，从名字上便彰显着它的与众不同。

日本的温泉不仅数量多、种类多，而且质量很高。各地几乎都有有名的温泉，对日本人来说泡温泉是一种享受，更是生活中必不可少的一部分。

1. 别府温泉

别府温泉位于日本西南部的九州岛，隶属于大分县。东临广阔的别府海湾，西接建有阿苏国立公园的鹤见山脉，是一个山海环绕的温泉圣地。九州的别府市面积虽小，地热资源却极其丰富，拥有世界上罕见的丰富温泉资源，据统计总共有4400处喷泉口，每日涌出47000吨以上的泉水，有"温泉之乡"的美誉，其泉水涌出量仅次于美国黄石国家公园，居世界第2位。其温泉水质丰富多样，其中不少温泉虽然不能泡，却十分特别。目前全球共有11个温泉品种，别府拥有其中的10种，包括酸性、硫磺、食盐、铁和明矾等水质种类，是世界上温泉种类最集中的地区。像"和尚头地狱"，就是一个翻腾着的泥浆温泉，别看它外表"斯文"，一点烟雾都没有，事实上其温度已接近100℃，浅灰色的泥浆不断地由中央冒起一个小泡，并向四周扩散出去，让人联想到有和尚在水中挣扎时露出的光头，场面颇为恐怖。而气泡破裂时发出的"噗噗"声，则又像一群和尚在念经。

由于含有的矿物质不同，别府的温泉水常常呈现不同的颜色。最有代表性的是海地狱和血池地狱。海地狱来自1200年前的火山爆发的遗址，面积达5000平方米，因属硫酸铁质，池水澄清而呈碧绿色，因其泉水湛蓝如海水一般，因此有海地狱之称，不过温度却高达98℃。血池地狱早在8世纪就以"赤汤泉"闻名，是日本最古老的景观地狱温泉，因为附近是红土区，红土溶入温泉之后，就成了有如鲜血般的红色，它富含酸化铁，好似一池翻滚的血浆，夹杂着巨大的轰鸣声，被日本佛教徒认为是来自幽冥地狱中的激流。

2. 静冈县的热海温泉

热海自古以来就是有名的温泉胜地，其最早的温泉记录要追溯到1200年前，是日本最有名的温泉地之一。这里42℃以上的高温泉就有262处之多，每分钟涌出的温泉总量在2万升以上，在日本温泉胜地中占第4位。热海温泉泉眼很多，其中最负盛名的便是"热海七泉"，即大汤、河原汤、佐治郎汤、清左卫门汤、风吕之汤、小泽汤和野中汤。

热海温泉主要是"弱食盐泉"，泉内含有和海盐类似的食盐。洗过温泉后，皮肤上会留下盐分，具有很好的保湿效果，所以温泉浴后不会感到冷。此外，还具发汗功效，可促进人体的新陈代谢，因此对风湿症、神经痛、皮肤病及内脏疾患等都有疗效。

3. 群马县的草津温泉

草津温泉，又名"药出汤"，位于群马县吾妻郡草津町，向来以自然环境优美、疗效极高而著称，自古便作为治病健体的著名温泉而远近闻名。其泉质为硫化氢酸性泉、酸性硫酸盐泉，水温高达50℃～96℃。对治疗风湿性疾病、神经痛、慢性皮肤病、创伤、糖尿病等有一定疗效。草津温泉的自然涌出量为每分钟约4万升，位居日本温泉之首。草津温泉街中的"汤田",终年热气腾腾的高温泉水流淌不断。草津温泉还有一项传统活动,便是使用长木板搅拌温泉浴池中的泉水,以达到使温泉中药物元素混合均匀,降低温度和提高疗效的目的,成为温泉街的象征。

4. 砂蒸温泉

位于九州最南部的鹿儿岛也是日本知名的温泉旅游名胜,这里的砂蒸是世界上唯一的砂蒸温泉。由于鹿儿岛海边沙滩底有温泉流过,砂子温度高达40℃～50℃,但是砂粒之间形成的空气层会降低其温度。砂蒸前,先要换上专门的浴袍,然后躺入海岸砂土上已经挖好的坑中,再让工作人员在身上盖上砂,只剩下脑袋在外面。砂中的热量会让人全身发热,大约蒸20分钟之后,人会有种虚脱的感觉,此时挣脱砂子的束缚,顿时感到一身轻松。据说,砂蒸的保健作用是普通温泉的三四倍,对神经痛、风湿症、腰痛等都有疗效。由于砂蒸的温度较高,因而只适合进行15分钟到20分钟。

【案例分析】

日本地处亚欧板块和太平洋板块的交接处,地震比较频繁,由此引起的火山爆发等地理现象也比较多,地下水温度高,所以温泉多。

别府人常利用"海地狱"的高温蒸煮鸡蛋,只要6分钟时间,一篮新鲜鸡蛋就熟了,游客当然不可错过这种带有淡淡硫磺味道的"温泉鸡蛋"。

利用血池地狱的温泉制成的血池软膏可以治疗脚气,在日本很受欢迎。

实际上,地狱是日本古代对温泉的称呼,别府市为了突出其温泉乡的历史悠久,特意保留了这个称呼。别府最有名的是九大地狱巡游,其实也就是九个温泉口。分别是:海地狱、鬼石坊主地狱、山地狱、灶地狱、白池地狱、金龙地狱、鬼山地狱、血地狱和龙卷地狱。

草津温泉愈冷烟雾弥漫愈盛,其最大的特色就是它的强酸性。pH值为1.5,有较强的杀菌排毒作用,对香港脚及皮肤病患者有较好的疗效。由于此泉温度高达60多度,无法入浴,加水稀释又怕影响疗效,因此发明了用木板拍水,使温度降低的办法。昔日的草津名汤浴中有所谓的"汤长",一边喊着节拍,一边有人持长约1.8米、宽30厘米的汤板,听号令拍打水,使温度降低,然后汤客依秩序进入浴场,但每个人限进3分钟,因而有"时间汤"之名。此外,草津还有添加橘橙或薰衣草的香味药浴的"四季汤",最近更推出饮食和美容的温泉减肥汤。

为什么古代日本人把温泉叫作地狱呢?地狱本是佛教中的用语,象征着苦难的世界。经过火山喷发后的地带,硫磺漫山,烟雾腾腾,高温气体把岩石都化成了黏土,方圆数公里都寸草不生,成为不毛之地。日本人看到这种荒凉的景色,不由产生恐惧之心,不敢轻易靠近。联想起佛教中描绘的地狱场景,就把这些地方叫作

“地狱地带”，而形成的一个个“热水池子”，便叫作“地狱”了。像日本箱根地区的大涌谷、小涌谷，古代就叫作大地狱和小地狱，连其周边的地名也相配叫作阎魔台、地狱泽。一直到1873年明治天皇外出巡游时，当地人觉得让天皇“下地狱”有点不吉利，才改了名。

日本温泉有几个最鲜明的特色值得我们学习借鉴：一是温泉的集群效应。很多温泉圣地都形成了温泉城市或温泉乡镇。如我们中国人比较熟悉的箱根、别府、热海等，每个温泉地区都有几十或上百户人家在经营温泉。二是大中小、高中低档次俱全。像在北海道的洞爷湖畔，既有可以容纳上千人的大型高档温泉酒店，也有可以容纳二三十人的家庭民宿，供游客任意选择。三是几乎所有的温泉圣地都坐落在乡村或郊外，周围往往是青山绿水，生态环境保护得非常好。四是几乎所有的温泉一定要有露天温泉。泡在温泉中，直接呼吸周围大自然清新的空气，真正是人与自然融为一体。尤其在冬天大雪纷飞的时节，泡在温泉中，头顶有片片雪花飘落，同时感受冷与热、雪与水，非常刺激；尤其夜里（店里的温泉几乎都可以24小时使用），在万籁俱寂中，泡在温泉中，仰望头上皎洁的月光和满天的繁星，几多浪漫！五是温泉文化。在泡温泉时，一定是先净身，即在池外先把身体洗干净，再去泡；每一处，温泉也分为不同种类，含有不同成分，温度也不同，都有说明。六是温泉酒店或宾馆或民宿，无论大小，店内都是一个整体。进到房间，换上和服，穿上拖鞋，可以去店里的任何一个地方，去泡温泉、去用餐、去购物、去唱卡拉OK，真的让人有宾至如归的感觉。

不要小看了这温泉，日本成百上千个村、镇、市，就是靠发展温泉旅游发展起来的。像热海，一个不到5万人口的城市，年接待的游客数量近千万人次，其中过夜旅游者就有300万。在这里，几乎家家都有店，除了几十处温泉，有上百家有小商店、酒馆、饭店。在生活快节奏的今天，这里已经成为人们休闲度假的重要的目的地。小温泉，大产业，日本温泉旅游线路真的大有文章可做。

【案例二】新西兰温泉

新西兰是世界地热资源最丰富的国家之一，沸泉、喷气孔、沸泥塘、间歇泉等温泉不可胜数。尤其是长210公里，宽48公里的北岛是世界三大地热区之一，北岛中心的“罗托鲁阿—陶波地热区”就有“太平洋温泉奇境”的美誉。

要一睹“太平洋温泉奇境”的庐山真面目，就必须先到有“新西兰温泉城”之称的罗托鲁阿去看看。罗托鲁阿是新西兰北岛最负盛名的旅游观光地，也是南半球最有名的泥火山区和温泉城，拥有奇特的地热景观。在罗托鲁阿城中，在大路边的石缝和居民住宅的小花园里，能看见白色的蒸汽从地下徐徐冒出，空气中弥漫着一股淡淡的硫磺味。

世界著名的景点“地狱之门”就位于新西兰北岛的地热保护区内，这是当地唯一由毛利人经营的温泉区，也是新西兰唯一一座容易到达的泥火山。这是一片未被驯服的土地，到处可见冒着蒸汽的温泉、硫磺湖和沸腾的泥浆地，不时有蒸汽从地洞中喷出，仿佛有一头巨兽正潜伏于地底，无怪乎被称为“地狱之门”。游客置身于地热区内，仿佛腾云驾雾。其中的华卡雷瓦喷泉，定时喷发，擎天水柱从喷泉倾泻而出，高达20来米，蔚为奇观。滚滚的喷泉，跳动的泥浆，不停冒烟的地孔，酷似景观奇异的月球表面。

温泉区内还有南半球最大的温泉瀑布和新西兰唯一的泥浆浴池——怀奥拉池。据说，当地的毛利人很早就发现此处的泥浆具有治疗作用。在罗托鲁阿还有一个恩加莫卡亚科泥潭，沸腾的泥浆上下翻腾，犹如青蛙跳跃，被人称为“蛙池”。游人可以在这里洗个泥巴澡，把热乎乎的含有丰富矿物质的泥涂满全身，泥巴晾干后再一块块剥掉，再去浸温泉，让紧绷的皮肤在温热的泉水中变得润滑光泽。据说，这种泥巴澡不仅可以治疗风湿病和皮肤病，还有非常好的美容功效。当地还有专门采集这种泥浆制造火山泥面膜销往全世界的工厂。罗托鲁阿不但是新西兰温泉的象征，更是全球SPA的象征，是世界最早的SPA胜地。

【案例分析】

由于新西兰位于环太平洋火山带上，因此温泉也遍布全国。自从《魔戒》系列风靡全世界之后，新西兰的自然风光已经在世界深入人心。神秘的毛利文化给人带来一种感观上的快乐，而新西兰的温泉区则是温泉养生与风景观光完美结合的典范。在这里，你可以亲眼目睹有“太平洋温泉奇境”之誉称的各种温泉，体验毛利文化。罗托鲁阿有着各种各样的温泉，有温度120℃以上、浪花翻涌、热雾弥漫的沸泉；有满池虹鳟鱼、清澈透明、五彩缤纷的冷泉；当地的毛利人很早就发现此处的泥浆具有治疗作用。游人可以在这里洗个泥巴澡，把热乎乎的含有丰富矿物质的泥涂满全身，泥巴晾干后再一块一块剥掉，再去浸温泉，让紧绷的皮肤在温热的泉水中变得润滑光泽。之后毛利人的手工作坊则一定要好好参观一下，里面有毛利人传承千年、令人叹服的雕刻技巧。还可享受毛利人独特的食物——包裹在植物叶子里的鱼、肉和蔬菜，在烧热的石头上逐渐蒸熟香气四溢的风味美食。

【案例三】瑞士：感受阿尔卑斯山泉

瑞士国土大部分被山所包围，有着丰富的温泉和矿泉资源。瑞士国内250个蕴含阿尔卑斯矿物质的温泉中不少温泉都拥有3000多年的历史，据说从古罗马时代开始，人们就利用温泉帮士兵们解除疲劳和治疗伤口。现在，瑞士不少温泉中心还都拥有了游乐设施。

位于瑞士中部，海拔高达一千七百多米的洛加伯特，素来是瑞士温泉区的代表者。洛加伯特是瑞士西南部著名的温泉山城，早在古罗马时代就因温泉而发迹。洛加伯特并没有因为观光而被过度开发，依然保持着山城特有的淳朴和宁静。这里的温泉横穿过阿尔卑斯山脉的冰河，因此水质十分洁净，泉水的温度可达51℃。

作为瑞士五大温泉胜地之一的洛加伯特，可谓是阿尔卑斯山区的温泉故乡，这里每日都有近300万公升的泉水流出。山城中的洛加伯特拥有历史发展久远的布鲁卡巴特大温泉中心和于1993年新开的现代化温泉中心阿尔卑斯温泉，温泉中心拥有温泉按摩、水力按摩池、桑拿、全身美容和健身中心等设施。

瑞士温泉的最大特色，是温泉水会控制在36℃，让享受其中的人，慢慢在温泉浴池内舒展筋骨。欧洲人跟日本人不同，他们不喜欢热烫的泉水，所以浸温泉的时间可以较长，甚至可以在水中消磨多个小时。

洛加伯特的温泉酒店由平民化到贵族式均有；无论酒店档次如何，每个追求温泉水疗功效的客人，均一定有机会一边浸温泉，一边细细欣赏温泉后瑰丽的雪山景致。

【案例分析】

瑞士温泉矿泉资源丰富，尤其是室外温泉，一年四季都可以让人领略到不同季节的特色。在瑞士泡温泉，山水俱佳的风景是次要的，更让人感到身心舒适的是高度发达经济下的文明与大自然的完美统一。瑞士就是这样一个地方，来自五湖四海的各国朋友使日内瓦这座世界上最小的国际大都市独具特色。各个组织汇聚在这里，开展文化活动或从事人道主义事务。清冽的阿尔卑斯山涧泉水和无数盛开的鲜花，让人有远离喧嚣、真正置身自然之感，非常适合放松自我、整理心情。而来自地下的温泉和矿泉，又能让你享受到大自然的丰富赐予。

【案例四】加拿大温泉的“森”呼吸

休闲就是享受生活，就是寻找一种不一样的精彩。怕冷的人不会喜欢冬天的加拿大，不过在加拿大洛矶山脉赏雪、泡汤对每个人来说都是一种真正的享受，也许只有在加拿大寒冷的冬天里才能真正感受到温泉温润的幸福吧。

在加拿大塞尔客克山和珞基山上，掩映于积雪的峰巅、庞大的冰河和澄澈的湖沼之间的，是壮丽的库特尼国家公园。公园中拥有壮美的景致——从冰雪覆盖的山峰到辽阔干旱、长满仙人掌的草原，无不令人叹为观止。来到这里，一定不可错过闻名遐迩的大理石峡谷和断崖林立的红墙断层，当然更不可错过那些被树木所拥抱的、大大小小的温泉。

加拿大的温泉区大都是森林温泉，纯净、自然去雕饰，毫无造作的人工造景。

在室外一边泡温泉，一边静静地“森”呼吸，享受着纯净的森林负离子，与自然原生融合，这也正是加拿大温泉旅游文化的精髓。

位于库特尼国家公园的瑞迪恩温泉区是加拿大开发得最完整、交通最方便的温泉度假观光区，温泉富含丰富的硫化铁，不仅无臭无味，且和肌肤相触的温度恰到好处，泉水含有稀少的放射性元素——镭，具有治病和纾解疲劳的功效。加拿大最大的温泉池——费尔蒙温泉位于哥伦比亚河山谷，总面积达一万平方尺，每天超过 140 万加仑的温泉从山间注入温泉池中，温泉无臭无味，水温终年保持在 40℃至 43℃之间。

卑诗省的哈洛森温泉是著名的温泉乡，素有加拿大 SPA 之乡之称。许多全球知名的王公贵族和影视明星每年都会定期前来度假，主要就是为了享受这里的 SPA 温泉浴，温泉的温度在 58℃至 62℃之间，据说对于肌肉酸痛有独特的疗效。

【案例分析】

也许只有在加拿大寒冷的冬天里才能真正感受到温泉温润的幸福吧。浸泡其中，望着四周的树林雪景，感觉与整个大地融为一体，实在是一种非常特别的体验。

【思考与讨论】

1. 游客应该如何享用世界上唯一的砂蒸温泉？
2. 请列举出新西兰著名的温泉景点。
3. 瑞士温泉的特色体现在哪里？
4. 请简要介绍加拿大开发得最完整、交通最方便的温泉度假观光区。

二、资源评价

【案例】阿尔山火山温泉国家地质公园

阿尔山温泉群位于内蒙古阿尔山火山温泉地质公园中，根据地质公园的旅游资源种类特点，并参考国家旅游局计划统计司和中国科学院地理研究所共同拟订的旅游资源分类方案，阿尔山火山温泉国家地质公园中的温泉属于景系中的自然旅游资源，为景类中的水文景观，景型为泉。

阿尔山温泉群是世界第二功能性温泉群。其类型之广、数量之多、涌水量之大、微量元素之丰富，在世界上是独有的，具有较高的医疗保健价值。温泉群景区已发现的矿泉群达 4 处，共有温泉 76 眼，最大的疗养院矿泉数有 48 眼，近年又涌出两眼。金沙沟矿泉群 17 眼，安全沟矿泉群 5 眼，白狼矿泉群 3 眼及孤立的五里泉，高山密林中还分布着许多未经详查和鉴定的无名泉。矿泉数可分为冷泉、温泉、热泉和高热泉 4 大类。最为奇特的是冷泉、热泉共存一处，相距仅 0.3 米，一泉温度高达 40℃，另一泉只有 2℃。一般来说，冷泉常温 6℃左右，温泉、热泉、高热泉水温近 50℃。与之相比著名的黑龙江五大连池，仅仅有冷泉。泉水含有国内外罕见的氡、锶、锂，是低矿化度、低钠的偏硅酸天然温泉，这是南斯拉夫世界第一大功能性温泉群所不具有的。

【相关知识】

阿尔山火山温泉国家地质公园是中国境内最大的火山温泉国家地质公园，位于内蒙古自治区东北部阿尔山市，地处大兴安岭西南山麓，总面积 814 平方千米，主要由天池火山群、温泉群、玫瑰峰花岗岩石林、三角山口岸及号森沟等 5 个景区组成。

定性评价法，通常是评价者在对旅游地资源进行了详细的考察后，凭借自己的经验和学识，对旅游地资源所作的主观色彩较浓厚的结论性描述。

温泉地：温泉地是指以温泉资源为核心包含周边自然环境和社区的地域综合体。天然温泉所在地如果周边没有聚落存在，一般只能称为温泉。

【案例分析】

本案例对阿尔山温泉资源进行的是定性评价。

旅游学者按照温度把阿尔山的温泉分为冷泉、温泉、热泉和高热泉，运用具体的数字来强调温泉和温泉地的数量之多。又从所含成分方面，分析了阿尔山温泉的成分，强调其是世界第二大功能泉，同时从温泉旅游资源性评价角度，强调了冷泉和热泉共存这一奇特的景观，以及阿尔山火山温泉国家地质公园中其他的观光资源的配置状况。

【思考与讨论】

请简要评价内蒙古阿尔山温泉群。

三、资源规划

【案例一】海泉湾度假城温泉区的功能和结构

位于广东省珠海市西部的海泉湾度假城，是香港中旅国际投资有限公司继深圳锦绣中华民俗村、世界之窗之后的又一杰作。首期投资22亿元，占地约1平方公里。以罕有的海洋温泉为核心，由两座五星级度假酒店、集美食娱乐演艺于一体的渔人码头、高科技的现代剧院、刺激动感的神秘岛主题乐园、星级服务的体检中心、为健康加油的健身俱乐部、打造精英团队的拓展训练营等八大板块组成。

一、海洋温泉概况

海洋温泉占地4万余平方米，有"南海第一泉"美誉的天然的海洋温泉，源自大海深处，源源流淌，经年不息，泉井自喷高度达11米，是罕见的优质海底温泉。泉水清澈透明，水量丰富，出口水温高达83℃。温泉水富含多种有利于人体健康的微量元素和矿物质。

海洋温泉毗邻大海，由室内、外两个区域组成，汇聚了全球各种风格的60余种温泉池，荟萃了世界温泉文化的精华，有土耳其皇宫浴场、日本风吕、古罗马浴、死海盐浴、唐宫华清池等，加上国内独有的10多种异国特色的干、湿蒸桑拿设施，让中国游客不出国门，一站式享受世界各国温泉文化。

二、温泉度假城设计构想

海洋温泉以"海洋、温泉、健康、娱乐、世界之旅"为基本构想，以现存的或是历史上曾经存在过的世界各地的温泉设施为母体建筑背景，以北非摩洛哥建筑风格为主，融合中西建筑文化精华，将古老的建筑文化与现代设计理念相结合，呈现地中海浪漫风情。温泉区的总体布局力求达到人与自然环境的完美融合，将异域情调和我国传统风格的庭院、花园、楼阁、景观以及繁华和宁静形成生动对比，如穆斯林风格的土耳其皇宫浴场、中国建筑风格的唐风、日本建筑风格的热海等。室内装饰尽显高贵典雅的浪漫气派，如西方宫廷文化的欧风区，4个不同主题装饰风格的休息厅将壁画、浮雕、陶瓷、挂画、竹木相互衬托，体现出雍容华贵、自然奢华、清新简约、古朴韵致的不同风格。

三、海泉湾大酒店（温泉文化主题酒店）

临海而建的海泉湾大酒店，有着鲜明而独特的地中海风格。它坐落于海泉湾度假城中轴线两侧，西面为广阔无垠的南海，东面为日日嘉年华的渔人码头，北接神秘动感的游乐园，南临豪华SPA会所。酒店总占地面积22万平方米，由天王星会议主楼、海王星度假主楼、12栋22套温泉别墅、5套蜜月别墅及一座豪华SPA会所组成，共计客房1000间，大小会议室38间。延绵2.7公里的海滨棕榈路使酒店各局部一气呵成。酒店大堂开创性地设计在两座主楼的第三层，非同寻常的视觉高度，彰显尊贵品位。阶梯流水瀑布由大堂缓缓淌下，室内水声潺潺、景致幽幽，窗外阳光碧水、椰林摇曳，地中海度假风情尽收眼底。

(一)客房介绍

1. 主楼客房

标准客房面积为45~50平方米，带有超大观景阳台，海景、水景、园景尽览。酒店特别推出阳台早餐，美景美食，独享悠然与惬意。客房浴室隔层独创拉伸式设计，可透过房间望见阳台外景致，舒适别致。

2. 会员楼层

会员楼层位于海王星度假主楼七楼，接待大厅面积达420平方米，圆弧穹顶、镂空雕花，装修、装饰十分精美，各种设施齐备，加上个性化的服务，尽显会员宾客之尊贵身份。

3. 温泉别墅

温泉别墅坐落于度假城南面的欧式园林间，102间客房分布在12栋22套别墅之内。砖红屋顶、深褐屋檐、淡粉墙面，门窗处层层叠叠的方正造型，尽显浓郁的地中海度假风情。有三套间到十套间任客人遴选，每套都配有独立温泉池和厨房，客人足不出户便可拥有私密体验空间，舒舒服服享受私家御厨的尊尚礼遇。

4. 蜜月套房

5幢粉红色的蜜月套房，沿湖而建，面湖而居，夜空璀璨繁星，内湖闪烁渔火，皆是浪漫的诠释。26平方米的宽敞浴室，内置直通温泉水的橡木桶，柔情蜜意尽在不言中。推门而出，几步之遥便是内湖港口，停泊的游艇，载着知心爱人驶往幸福彼岸。

(二)餐饮设施

1. 西餐厅依贝莎西餐厅(CAFé IBIZA)

依贝莎西餐厅位于海王星三楼，面积406平方米，共有150个餐位。经营菜肴以法国菜式为主，加入葡式及西班牙菜肴，以满足不同客人的口味。

2. 塞维雅西餐厅(CAFé SEVILLA)

塞维雅西餐厅位于天王星三楼，面积516平方米，共有160个餐位。经营菜肴以意大利菜式为主，并有适量日式、韩式菜肴。

3. 茶米香中餐厅(DELICACY GARDEN)

茶米香中餐厅位于海王星一楼，面积354平方米，共有200个餐位，贵宾房11间。经营菜肴以潮州菜为主，并有适量粤菜及北方菜。

4. 四海轩中餐厅(SPICES COURT)

四海轩中餐厅位于天王星一楼,面积351平方米,共有200个餐位,贵宾房11间。主要经营川菜、湘菜、粤菜。

5. 小鱼仔餐厅(SHIU YU CHAI RESTAURANT)

小鱼仔餐厅位于渔人码头湖畔,面积350平方米,共有160个餐位,贵宾房3间。主要供应午餐、晚餐和宵夜,每天推出多款老火靓汤、农家时令菜蔬和各类海鲜,尤以各种小型鱼类为主打品种。

6. 卡拉莉大堂吧(CANARY LOBBY LOUNGE)

位于海王星三楼大堂,环境豪华舒适,供应各类饮品、酒类及甜品小食。

7. 萨菲大堂吧(SAFY LOBBY LOUNGE)

位于天王星三楼大堂,开放式设计。供应各类饮品、酒类及甜品小食。

(三)会议及宴会

酒店会议中心集会议、展览、演播、宴会于一体,多功能厅、阶梯式演播厅、商务会议室一应俱全。共有大小会议室38间、宴会场所29个,可容纳20至2300人不等。酒店并可根据客人的要求提供外卖西式宴会、酒会服务。

1. 凯旋宫

酒店最大的多功能厅凯旋宫,正厅面积近1800平方米,最多能容纳2300人开会,迎合不同需求可一分为二,是在异国风情背景中举办大型会议、招待会及婚宴的理想选择;外厅与正厅平行相连,面积达1000平方米,可作展厅使用或举办会间鸡尾酒会;全景观式宽大露台,是会间放松的绝佳场所。

2. 太平洋演播厅

太平洋演播厅,共有252个剧院式座位,均配备扶手内置小桌板,是商务会议、发布演示会及学术交流活动的最佳选择。

3. 大西洋/北冰洋大会议厅

两间面积超过三百平方米的大会议厅。其中大西洋厅一面外墙为全落地玻璃,可饱览会议主楼倾泻而下的大堂阶梯瀑布,景致迷人。

4. 开罗/雅典/罗马/巴黎会议室

四间面积为66平方米的中会议室,双双位于会议主楼大堂阶梯瀑布两侧,各带有白色堡顶及宫廷式空中露台,别具风情。

(四)娱乐设施

酒店配备KTV,棋牌室,室内、外游泳池,健身房等设施,配合景区内其他娱乐项目,如主题公园、电子游戏、电子竞技、水上泛舟,室内篮球、羽毛球、壁球,室外网球多项活动,满足您的娱乐需求。

【相关知识】

现代生活的快节奏，工作上的重重压力，使得都市人摆脱疲劳、休养身心的需求极为强烈且需要持续进行，从而也决定了休闲度假旅游的重复性很强。

温泉旅游度假区是以温泉资源为吸引物和特色，依托温泉文化而形成的集旅游、度假、休闲、娱乐、保健等产品于一身的旅游服务单位，主要服务于度假、休闲、会议、奖励旅游等市场。

【案例分析】

海泉湾度假城温泉区在规划方面的成功之处：

1. 海泉湾度假城温泉区内拥有丰富的、优质的海洋温泉资源，其资源具有储量大、水质好、功效强等特点，为海泉湾度假城的规划和开发提供了必要的资源条件。

2. 海泉湾度假城温泉区紧密依托海洋温泉资源，对度假城进行设计、建造和装修，具有浓重的温泉文化。

3. 海泉湾温泉度假城不仅拥有独特的温泉设施，而且还提供了完善的住宿、餐饮、商务和娱乐设施，并且非常注重温泉产品及相关产品的多样化和使其具有鲜明的特色。

4. 海泉湾度假城的投资额大、设备完整、设施起点高，它将打造成集生态、旅游、度假、休闲、商务等多功能为一体的现代温泉旅游度假产业园，它的产品定位顺应了 21 世纪休闲、生态、绿色旅游的趋势，符合了当今温泉度假区的发展趋势。

【案例二】福州贵安温泉度假区概念性规划

福州贵安温泉旅游区位于福建省福州市北部城郊，区内温泉资源条件尤为突出，并与民风民情相融合，资源组合性好，整体性强。

1. 资源优势条件

（1）区位。贵安温泉旅游区地处福州中心城区的“半小时旅游圈”内。区内现有福飞公路贯穿全境，联系福州和连江县城，即将动工兴建的同三、京福国道主干线福州绕城高速公路亦将从区内经过，并留有互通口。届时贵安将成为福州北部浙南、闽东与闽西北人流、物流交通转换的重要节点，区位的重要性将进一步提升。

（2）温泉资源。福州是全国三大温泉城之一，有着悠久的温泉历史。贵安是福州地热资源最为丰富的区域之一，无论是热储藏量、最大开采水量还是水温条件，在福州外围地热点中均首屈一指。

（3）高尔夫球场的依托。高尔夫球场是发展高水平度假旅游区的必备要素。占地 120 公顷的贵安桃园高尔夫球场项目，是福建省内 9 个标准高尔夫球场之一。

同时它还是省内较少有山地的高尔夫球场，环境优美。与其他球场相比，其球场球道难度适中，适合普通的高尔夫爱好者。

(4)周边地区旅游资源具有互补性。

贵安地区被称为"福州后花园"的北峰旅游区具有丰富的自然和人文旅游资源，与贵安旅游区以休闲度假为主题的旅游资源形成互补，极具整合价值。同时，由于贵安所属的连江是个旅游资源十分丰富的县，其山、海、江、岛、温泉、畲族等资源兼而有之。以贵安近城(福州)临海的大区位优势，有利于组织实施跨区域的旅游区联动布局，构筑一个集城市旅游、温泉度假、山地览胜、滨海观光为一体的大旅游圈。

(5)环境条件较佳。贵安地处福州北部山区，年均气温19.6℃，冬暖夏凉，非常适宜旅游和休闲度假。区内敖江贯穿而过，造就了潘溪两岸山、溪、湖、泉、涧等丰富的自然景观，处处展现出山水田园的宁静与幽雅。同时贵安独特的山水资源，还为生态农业的综合立体开发提供了有利条件。

(6)具有一定的人文积淀。贵安自古以来就是一块天祥人贵的福地。古时就设有温泉驿站，供进京赶考之人使用；宋代大思想家朱熹曾避难于此，结庐讲学，村内至今仍保存"朱文公祠"遗址。区内的溪利村为福州畲族聚居区之一，拥有丰富独特的畲俗民韵。这些都为贵安旅游的发展营造了浓厚的文化氛围。

2. 发展定位

贵安温泉度假区的发展理念是凭借其临近福州中心城的有利位置，将贵安开发为海峡西岸独具特色的综合性的生活、娱乐及度假胜地，一个以休闲度假、温泉养生为主题，兼具特色观光的多功能、综合性旅游度假区。其发展定位可进一步细分为核心定位、支撑定位、辅助功能定位三个层次。

(1)核心定位。应以自然和谐的"山水田园"，作为度假区的核心主题和定位。同时，鉴于温泉是福州旅游核心的要素之一，贵安温泉度假区以山水田园、休闲养生为主题的设计，更有利于塑造"中国温泉城"这一福州旅游形象。

(2)支撑定位。生态资源和山水环境是保证贵安旅游质量和可持续发展的基础条件，同时对贵安山水环境进行恰到好处的设计，营造富有吸引力、情趣盎然的旅游氛围，有利于高效利用现有自然资源。通过发展旅游带动相关产业的发展，能帮助贵安保持长久的生命力。

(3)辅助功能定位。辅助的功能定位设计，应凸显休闲性、参与性的度假需求，有利于创造多元化的旅游产品。根据贵安资源条件，它适宜发展的辅助功能有：

——体育健康休闲。体育休闲运动是度假活动的有机组成部分，随着休闲需求日益提升、休闲产业进一步走向成熟，主动性参与性极强的体育健身运动，将越来越成为休闲生活的主题。规划注意结合休闲发展的趋势，结合现有的高尔夫球场和温泉游泳馆，有针对性地选择一些积极健身的体育休闲运动项目，如网球、羽毛球、马术、垂钓等。

——会议旅游。会议旅游是世界范围内新兴的一种旅游发展模式。据有关资料统计，来福州的旅客中，以会议旅游和商务游客为主，贵安应以其独特的休闲资源和区位条件，借助福州这个省会城市和海峡西岸中心城市的经济政策优势，将温泉旅游服务融入到会议经济中，以温泉服务的良好形象吸引大中型会议和论坛到贵安举行，同时又以会议需求反过来促进温泉旅游业的进一步发展，形成良性循环，提高贵安及福州温泉经济在全国会议旅游经济中的市场份额。

——观光农业生产。按照生态和都市农业生产的标准对保留的农业进行改造，提高生产水平和经济效益。

——科普教育。提供科普教育是实现生态旅游社会效益的主要形式。通过对水生态观光、生态旅游等知识的系统介绍，既可满足游客的好奇心，又能激发游客热爱自然、保护自然的责任感。

3. 功能分区和旅游产品设计

根据自然用地界限和资源特色，力求实现旅游功能和空间布局的综合协调，结合分阶段开发的弹性需要，将整个规划区由东向西、自上而下划分为四个片区，由潘溪及沿江公路联系各功能景区，形成“一带四区”的整体布局结构。

(1)“一带”：即潘溪景观带。是贯穿度假区的核心景观轴，重在营造度假区良好的生态背景，并充分利用滨水景观资源，适当发展水上游憩项目，形成公共型的开放空间。

(2)贵安中心区：既是区内核心旅游资源集中分布的区域，也是度假区的交通集散地。现有的发展条件较为成熟，应成为度假区内开发建设近期推动的重点，着力结合温泉资源和桃园高尔夫球场发展高档次的休闲运动，并适当设置商业娱乐、度假会议酒店和高档居住等设施，形成充满活力的温泉度假区形象。

(3)仁山观光体验区：位于潘溪上游。该区以山林景观的培育为首要任务，旅游开发应注意与贵安中心服务区的衔接，相对集中发展，重点发展仁山水生态公园、溪利畲族风情和仁山坡西观光农业等旅游项目。其中，仁山水生态公园重点通过可持续水生态环境的营造，保护鸟类觅食的生态走廊，形成集观鸟、垂钓、科普、泛舟、赏水光山色于一身的景区。溪利为福州市重要畲族聚居区之一。规划通过对畲族传统文化的保护和发展，形成以民族风情观光为主题的旅游区。仁山农业观光园拟建设植物园、畜禽养殖园、果园等农业园区。以古朴淳厚的田园风光满足都市人返璞归真、回归自然的愿望。

(4)西溪景区：即位于西溪上游的西溪温泉森林公园。该公园山峦叠嶂、秀丽多姿，溪、湖、瀑、泉、涧、滩景观兼具，境内森林动植物资源丰富，是游客避暑纳凉、度假疗养、探险猎奇、科学研究的好去处。规划拟通过生态保育，形成开放、连续流畅的生态景观格局，重点突出植物观赏、科普教育、徒步健康游等功能，建设为融森林旅游、度假疗养、探险猎奇和科学研究为一体的多功能近郊型森林公园。

（5）潘渡度假休闲区：位于潘溪下游，是度假区远景发展的备用空间。本区重点发展马术、水上帆航、网球、壁球、健身垂钓等参与性极强的室内外休闲运动项目。在其外围结合沙滩、农场等资源适当增加快艇活动、造浪、生态农庄和特色养殖园等游憩、观赏的辅助旅游项目。

【相关知识】

按照国际经验，一个国家人均 GDP 超过 1000 美元时，观光旅游需求急剧膨胀；人均 GDP 达到 2000 美元时，休闲需求急剧增长；人均 GDP 达到 3000 美元的时候，度假需求则普遍产生。我国 2003 年人均 GDP 超过 1000 美元，同时多数沿海发达地区的城市已经越过休闲的临界点。随着休闲时代的逐步来临，旅游产品正在从单一的观光型向观光、度假和专项旅游相结合的方向发展。目前许多大城市的周边地区，已经成为城市居民休闲度假的高频出游区域。综合的旅游开发模式，正成为旅游持续发展的必然选择。

随着我国旅游业逐渐由观光旅游层次向度假旅游层次转化，以休闲度假为主要功能的大型温泉旅游度假区在全国特别是南方地区不断涌现，具有十分广阔的市场前景和发展空间。

针对度假休闲和温泉旅游的发展趋势，结合国内外的实证经验，总结出休闲时代的温泉度假区将呈现如下发展趋向：①特色与主题性。②综合协调性。③生态性。④休闲参与性。⑤阶段开发弹性和滚动性。

【案例分析】

本案例从资源优势条件、发展定位、功能分区和旅游产品设计三个方面较详细地叙述了贵安温泉度假区的规划。在整个温泉度假区的规划中，休闲度假这一理念贯穿于整个规划方案，符合当前温泉度假区的发展趋向，对国内温泉度假区的发展规划具有一定的指导意义。

1. 特色和主题鲜明

贵安温泉度假区拥有便利和发达的交通条件，以温泉资源为基础，结合高尔夫球场、周边地区互补性的旅游资源、较佳的环境条件和人文积淀，力争将贵安开发为海峡西岸独具特色的综合性的生活、娱乐及度假胜地。可见，贵安温泉度假区的建设善于发掘、保持和发扬地域旅游资源的特色，结合其自然景观和文化底蕴，力争以新奇、独特、耐人回味取胜。

2. 综合协调性强

贵安温泉度假区规划了"一带四区"的整体布局结构。温泉度假区规划也注重了多种娱乐项目的建设。每个布局都拥有不同的规划重点和发展方向，各个景区之间相互联系、相互依存，共同构成了生活、生产、生态与旅游的多功能综合温泉度假区，实现了度假区产品的综合协调。

3. 注重景区的可持续发展

贵安温泉度假区无论是从发展定位上，还是在旅游产品设计过程中，始终将自然和谐的"山水田园"作为核心主题和定位，非常注重度假区与周边山、水、自然的和谐，真正把可持续发展的理念落到了实处。

4. 休闲参与性强

提出贵安度假区应依托温泉地，开展观光、体育等各种项目和设施，建设高尔夫球场、运动健身场和保健康疗中心等游乐场所，营造高品质休闲生活空间。

5. 阶段开发弹性和滚动性

在贵安度假区规划中，规划先开发潘溪景观带、贵安中心区、仁山观光体验区、西溪景区，并将潘渡度假休闲区规划为远景发展的备用空间，等形成一定规模基础后，再进一步开发一些区位相对隐蔽、开发难度大、景观质量更佳的空间地域，以充分利用度假区的资源条件。

【思考与讨论】

1. 随着时间的推移，海泉湾度假城的吸引力可能会逐步下降，你认为海泉湾度假城应如何做未来规划？

2. 福州贵安温泉度假区的概念性规划是否完整？为什么？

四、资源开发

【案例一】广东温泉旅游资源开发的启示①

温泉，古代帝王专享、改革开放前专供高干、战斗英雄、劳动模范修养的处所，现在正以度假、休闲、养生的面目出现在寻常百姓的日常消费中，越来越表现为一种新的生活方式，成为广东旅游近年叫响的新品种。

广东作为我国旅游大省旅游资源相对较为丰富，拥有着得天独厚的自然条件，特别是温泉资源十分丰富。据中国科学院广州能源研究所研究（2004），广东省处于我国东南沿海地热带，以中、低温热水型的地热资源为主，全省从粤东到粤西，从粤北到小珠三角，都发现可供利用的温泉，已勘明的温—沸泉总数为291个，占全国总数的12.3%，仅次于西藏、四川和云南。

不从学术角度谈温泉的分类，单从开发成型的特色考察，广东的温泉品种就让人眼花缭乱：五华的热矿泥温泉美体、古苑的唐韵古风、锦江温泉的动感魅力、御温泉的盛唐气韵、海泉湾的泉海相接、南昆山温泉大观园的大家风范，等等，为消费者提供了林林总总的多样性选择。

广东清远、江门、中山、珠海、阳江等市已建成的温泉旅游企业星罗棋布，已成功开发的有100余家，其中已加入广东省旅游协会温泉分会的有50家。能同时接待千人以上的温泉数十家。仙沐园、碧水湾、清新温矿泉、锦江、帝都、阳江、海泉湾、古苑、御临门、富都、喜运来、金山、银盏、南昆山等温泉，资本投入之大、建设水平之高、服务质量之优，都是可以令广东乃至中国旅游界引以为豪的。

广东地处我国改革开放前沿，毗邻港澳，经济发达。粤港澳三地加上外来人口，人口达亿，人民普遍安居乐业，可支配收入较高，且有较为良好的追求时尚、热爱旅游的消费传统。

【相关知识】

温泉旅游资源开发的准备条件有：

1. 资源条件

主要指温泉旅游资源赋存，包括温泉旅游资源的性质、价值、等级、系统性、完整性、特色和结构层次。温泉旅游资源赋存决定了旅游资源的吸引力和温泉旅游

---

① 李进茂：广东省旅游协会副会长，此文为第三期温泉行业精英沙龙暨温泉项目投资与经营研讨会的发言。

活动的行为层次，是温泉旅游资源开发的基础条件。

2. 自然条件

包括温泉旅游资源地的地理位置、地形、水资源、植被、气候气象、自然环境等方面的状况。温泉旅游资源地是否靠近中心城市、交通干线和人口稠密区，决定了它的可进入性和门槛的容量。优越的地形条件可以减少开发的工程量，降低开发难度，节省投资。适宜的气候气象条件、良好的植被覆盖、景象万千的自然环境本身就能构成旅游吸引力，为温泉旅游地增加旅游价值。

3. 社会条件

包括温泉旅游资源地的经济背景、法制环境、社会保障、管理水平、文化事业和其他社会因素等。区域经济是否发达直接影响到投资力度、开发规模和发展方向。温泉旅游地的法律、法规、支持旅游业的力度等，决定了旅游开发的有序性、合法性与否和开发成效。温泉旅游地居民、社会团体对发展旅游的态度，也会影响到温泉旅游资源开发工作的实施成效。

按业界普遍认可的说法，广东省温泉发展较早，基本可以划分为三个发展阶段。第一阶段为解放后到 20 世纪 90 年代中期，温泉基本作为少数工人、干部疗养之用。第二阶段是从 20 世纪 90 年代中期开始，温泉景点开始出现配套酒店，温泉由小众走向大众。第三阶段则是形成完整的温泉产业链，挖掘温泉文化内涵，拓展外延产业链，真正成为休闲度假目的地。目前，广东省大部分温泉处在第二阶段向第三阶段过渡的时期。

【案例分析】

广东省的温泉旅游资源开发走出了一条健康的发展之路，为我国其他地区温泉资源的开发提供了可资借鉴的范例。其特点主要体现在以下几个方面。

1. 温泉资源分布广，资源本底较高

广东全省拥有很好的温泉资源，其储量居全国第四位，这就为温泉资源的开发提供了最基础的资源条件，也为温泉旅游业的快速发展提供了载体。

2. 温泉品种多样，各具特色

温泉产品的种类越多，特色越鲜明，温泉旅游吸引力就越强，温泉旅游市场面就越宽。广东在温泉旅游资源开发过程中，注重温泉产品的多样化和特色性的开发，如：五华的热矿泥温泉美体、古兜的唐韵古风、锦江温泉的动感魅力、御温泉的盛唐气韵、海泉湾的泉海相接、南昆山温泉大观园的大家风范等，顺应了旅游需求多样化的特点。

3. 温泉企业具有高投资、规模大、起点高的特点

广东高投资、规模大、起点高的温泉企业的建立符合温泉旅游度假区集度假

村、风景区、温泉主题酒店、温泉主题公园等多重概念于一身的发展趋势，是温泉旅游发展到第三阶段的必然要求。

4. 客源丰富

成功的温泉旅游市场开发只有通过丰富的客源才能实现其经济价值。广东温泉度假区分布比较集中，约三分之二在珠三角地区，该地区经济发达、人口众多、交通便利，人均可支配收入较高，且有热爱旅游的消费传统，这就必然使温泉企业确立珠三角地区为目标客源市场，从而为温泉旅游的蓬勃发展提供了良好的丰富的客源条件。

【案例二】汤头温泉的开发现状

汤头温泉是蒙山旅游区内历史最悠久、知名度最高、开发基础最好的温泉之一，享有全国四大甲级温泉的美誉，是全国唯一一个地下水可以饮用的温泉。据山东地质勘测队结论，汤头温泉具有四大优势：一是储量丰富，地表散热水深 130 米左右，按现有采用量 500 吨/日计算，可供采用 100 年，350 ~ 500 米水层可供永久采用，日供水能力为 3800 吨。二是水温高，井口温度为 90℃，供水温度为 73℃。三是水质好，根据化验分析，温泉的 pH 值为 8.3，矿化度为 15.8 克/升，富含钾、钠、氯、镁、钙、硫等 30 多种矿物质，氡和硫酸钙的含量接近氡泉和硫酸钙泉的标准。四是功能全。具有舒筋活血、杀菌消炎之功效，对关节炎、皮肤病、神经衰弱、综合疲劳症等均有显著的医疗保健作用。

虽然近年来汤头街道办事处始终把温泉资源开发当作第三产业的重头戏来抓，努力打造“泉”字号品牌，通过大力开展招商引资工作，陆续建成了知春湖度假村、亿利达温泉洗浴中心、沂蒙温泉山庄等一批温泉旅游企业，但是，目前汤头温泉开发仍存在着一定的盲目性。一是对于目前中国温泉旅游的特点与潜力认识不足，温泉旅游区的建设不能完全满足消费者的需求，SPA、健身房、酒吧、餐厅、景观步道等户外设施增值项目开发不够。二是由于历史原因，温泉资源开发没有形成一个拳头产品，温泉核心区域内的四个村，老房子、旧房子、破房子比较多，分布较分散，影响下一步温泉大规模开发。三是已开发的产品存在诸如规划面积过大、配套不合理、细节设计粗糙、部分设施不当、管理和服务滞后等一系列需要改进的地方。四是温泉的市场开发需要面向更大的消费人群，而不是仅仅瞄准高消费人群。五是需要进行消费观念引导。要加大宣传力度，对市场进行一定的引导，使健康温泉旅游、大众温泉旅游的消费理念深入人心，破除温泉高消费的错误观念。

我国首席旅游规划专家保继纲教授指出，汤头温泉的开发要与小城镇规划相互衔接，结合汤头小城镇规划建设，发挥汤头的温泉度假特色，将温泉度假作为汤头街道的重要城市功能来建设，把汤头温泉建成国内重点疗养康复基地，形成包括温泉疗养院、温泉酒店、温泉度假村等多种形式的较大规模的温泉度假设施集群，加强休闲度假、文体娱乐、人居环境的建设，逐步增加度假村、高尔夫球场、酒吧街、步行购物街等休闲娱乐设施。

【相关知识】

温泉旅游资源开发过程中应注意的事项：

1. 重视温泉旅游资源的深度开发和温泉旅游精品的打造，决不追求规模和铺张。

2. 各地在开发建设过程中应依据当地资源条件，建出自己的特色和个性，尽量做到每个温泉景区、温泉旅游都绝少雷同。

【案例分析】

从案例中可见，汤头温泉无论是在储量上，还是在水温和水质方面都具备优势，温泉资源相当丰富，开发前景非常乐观。由此可知，温泉资源开发前的资源勘查和资源评价是非常重要的，它决定了温泉开发利用的方向和特色。

汤头温泉资源开发过程中所出现的问题，也是我国大部分温泉企业在温泉资源开发过程中所面临的共同问题，体现在以下几方面：

1. 开发理念滞后。

2. 开发缺乏统一的规划布局。

3. 已开发的产品落后。

4. 市场定位不准。

5. 需要进行消费观念引导。

汤头温泉在今后开发过程中的主要发展方向如下：

1. 根据温泉资源的特色，把汤头温泉建设成为温泉度假、疗养康复基地。

2. 完善温泉旅游地的辅助设施。

【思考与讨论】

1. 结合案例一并查阅相关资料，总结出广东温泉旅游资源的开发存在哪些问题。

2. 你认为汤头温泉在未来的开发过程中是否能够和房地产业、高尔夫业相结合？为什么？

五、环境保护

【案例一】福州温泉资源的保护工作

福州温泉的开发利用始于唐朝、五代，至今已有1000多年历史，先后经历了“自然汤”、“人工凿井吸汤”、机械钻井取汤、铺设管道集中供热几个发展时期。最早的利用就是在自冒温泉上杀鸡煮蛋、烫芋头。20世纪70年代后，许多机关、单位和郊区村镇纷纷利用温泉建浴室对外开放。当时温泉处于一种无序开采的状态，自行凿井、随意取用的情况，造成天然自冒温泉眼消失殆尽，地下水位不断下降，地基下沉。

随着科学技术进步，人们意识到，盲目开采会使温泉资源枯竭。到了20世纪80年代，政府开始重视对温泉的管理，成立管理机构，制定保护法规，划定保护地区范围，使福州的温泉使用走上了计划开采的大道。1981年8月，福州成立了全国第一个市级管理机构——福州市地热管理处，加强行业行政管理，制定地热（温泉）开发利用规划和凿井管理的审批验收制度；1984年，国务院关于《福州市城市总体规划》的批复中指出：“对于福州市区的温泉资源，要按照规划统一管理、合理开发、综合利用、注意防止乱采滥用。”从此温泉开发保护纳入城市总体规划的重要组成部分，并付诸实施。1986年，福州建成了第一个集中供热温泉实验水厂。1986年12月，中国矿产储量委员会审查批准了福州市中心区温泉每日允许开采量为9800吨、平均取水温度72℃。它成为福州温泉开发的总框架。1991年6月，福建省第七届人民代表大会常务委员会第22次会议审批通过了《福州市地下热水管理办法》，使得福州的温泉管理有法可依；1991年9月，福州市地热管理处实行政企分开，成立了企业性质的福州市温泉供应公司，专营温泉供应，实行限量供热，有偿服务，加强水源井统筹规划、合理布点，防止滥开乱采，节约土地与租金，按市场经济的规律对温泉实行统一规划、统一管理、统一供热。1998年市地热处与市温泉供应公司联合开发一套计算机网络控制管理系统，通过先进管理手段，来加强温泉开发保护管理工作。20世纪末21世纪初，福州市地热管理处对福州温泉的科研、开发与管理保护做了大量工作：在探明储量的基础上，划定了温泉保护区、优化保护区内温泉水井结构与布局、实行集中供热、实施人工补给回灌、动态监测、引进先进的关键设备与技术、寻找外围地热田，计划对市区现有公共澡堂进行布局调整，拟在树兜、温泉路、水部、莲宅、台江等传统澡堂发源地各保留一家老字号澡堂，加以全面更新改造，并赋予新的文化内涵，淘汰一批无特色、用水量大、效益差的大众化澡堂，腾出宝贵的温泉指标用到更需要的地方去。

在今后的温泉开发和保护工作中，福州市人民政府将继续要求地热管理部门与科研等部门合作，开展回灌等试验，搞好开采动态监测工作，加强宏观调控，制定科学管理规划，做到既要严格控制热田水位下降，保护好温泉资源，又要充分合理开发利用，使温泉资源能够源远流长，更好地造福子孙后代，使福州成为名副其实的“温泉城”。

【相关知识】

温泉资源保护的主要措施和对策有：第一，温泉资源保护的法律手段，即建立健全保护温泉资源的法律法规。第二，温泉资源保护的宣传教育手段，即通过宣传教育，使人们认识到保护温泉资源的重要性，从而增强人们保护温泉资源的自觉性。第三，温泉资源保护的行政手段，即政府通过各种方法和途径，进行行政干预和发挥调节作用对温泉资源进行保护。第四，温泉资源保护的规划手段，即通过完整、全面、科学的资源规划，来保护旅游资源。第五，温泉资源保护要开展专项研究和培养专业人才。第六，温泉资源保护的挽救性措施，如修复、重建。

【案例分析】

福州温泉资源保护的主要手段体现在以下几方面：

1. 树立了新的温泉资源观，形成了温泉资源的忧患意识。20 世纪 70 年代前，由于认识上的不足，福州的温泉资源破坏、浪费现象严重；80 年代以后，随着科学技术的进步，新的温泉资源观开始形成，温泉资源的忧患意识开始增强，福州市政府开始成立管理机构，制定保护法规，加强资源开发与保护工作。

2. 制定各项开发保护管理温泉的法规，“依法治水”，把开发保护温泉纳入法制化轨道。福州市制定了《福州市地下热水管理办法》等法规制度，使得福州的温泉管理有法可依。

3. 重视科学技术的发展，运用各种科技手段保护温泉旅游资源。福州市地热处通过开发计算机网络控制管理系统，引进先进的关键设备与技术，提高对温泉资源的科研水平，来加强温泉开发保护管理工作。

4. 建立行政机构和企业单位，加强温泉资源的管理和引导。福州先后成立了市地热管理处、集中供热温泉实验水厂、温泉供应公司等，统一规划、统一管理。

5. 认真做好温泉资源的修复和养护工作。福州通过限制每日温泉的开采量和平均取水温度，划定了温泉保护区、优化保护区内温泉水井结构与布局，实行集中供热、实施人工补给回灌、动态监测，调整市区现有公共澡堂的布局等，来对温泉资源进行修复和养护。

【案例二】我国当前温泉资源遭到破坏的原因分析

我国温泉地热资源丰富,开发利用已有上千年历史,但是对温泉较大规模的勘查开发利用,则是近30年的事。从旅游到房地产,随着近年来温泉地热资源利用领域的不断延伸,我国地热能的直接利用已居世界首位。虽然我国目前还不存在温泉资源缺乏的问题,但由于诸多原因,导致温泉资源浪费现象严重,枯竭的情况也时有发生,同时也伴生了一定的环境问题。

例一:近年来,由于台湾地热温泉资源开发日盛,开发利用渐呈多元化和无序化。尽管温泉资源丰富、得天独厚,储量居全国第一,但温泉区缺乏整体规划、公共设施及道路不完善、开采过度,而且缺乏统一的专职管理机构,温泉用途狭隘、未考虑温泉的永续性利用等弊端逐步显露,一些企业甚至不得不用温泉制造机人造温泉水,以补不足之需。同时也导致了如开发道路、砍伐树木所造成的崩塌,抽取大量地下水所引起的地盘下陷,温泉开发伴生诸多有毒气体危害生命,排放废水而污染水源影响生态与不当使用温泉资源而造成耗竭等诸多环境问题。

例二:海南省温泉资源丰富,平均每1000平方公里就有1处温泉,但海南温泉低层次规划、粗放式开发、低水平利用的现象普遍。如有的温泉区无序开发,部分企业甚至存在违规开采;多数温泉开发缺乏合理规划,设计开发形式单调呆板,以小宾馆、小酒店居多,有的温泉甚至沦为酒店游泳池,如兴隆温泉旅游区已建成营业的宾馆数量高达38家,分布过于密集而精品不多;基础设施"硬件"不够,供水、排污、电力等网管布局不合理;资源保护措施不力,污废水排放体系不健全,为地热资源的可持续开发利用留下了隐患;在管理体制上,地热资源管理存在职责交叉、多头审批现象,政府缺乏统一的调控手段。因此,导致温泉资源浪费现象严重,并且不少温泉出露点已悄然消失。

例三:温泉是福州市的一大资源特色和优势。由于温泉纵贯市区中心地带,并且具有热储层埋藏线、水温高、水质好、水量较大等得天独厚的优点,因而闻名遐迩。但近20年来,随着住房条件的改善和房地产开发热,福州温泉乱开滥用、管理不力、资源浪费现象非常严重。福州温泉日允许开采量9800吨,但由于长期乱采和超采致使市区500米以上温泉的开采已到极限。同时滥采温泉还导致了地下水位下降5~6米,由于水位下降,地面发生沉降,在福州市区的温泉分布区有些建筑物露出现轻微倾斜和裂缝。

例四:山东省临沂市汤头温泉历史悠久、闻名遐迩,汤头温泉享有全国四大甲级温泉的美誉,是全国唯一一个地下水可以饮用的温泉。1970年以前,汤头温泉泉流量稳定,水温66℃~70℃,矿化度3.471g/L。之后,随着人工开采量的增加,泉流量逐减,直至枯竭,并产生地热水水温逐渐下降、水化学组分含量和医疗效果降低等环境地质问题。

【相关知识】

温泉旅游资源遭到破坏的因素从宏观上来看，主要体现在两个方面：自然环境变化所带来的破坏；人为因素所带来的破坏。因此，保护温泉旅游资源不仅要保护好温泉旅游资源本体，而且还要保护好温泉旅游资源所赋予的生态环境。

【案例分析】

我国依托丰富的温泉旅游资源，目前已经形成一批成熟的温泉旅游度假区，但是业界和学术界还没有充分认识到温泉旅游资源的脆弱性，温泉资源遭到浪费、破坏等现象较为普遍。从台湾、海南、福州、山东汤头四个具体事例中，可以总结出以下几点：

1. 当前温泉资源浪费严重，甚至出现温泉资源枯竭的现象，主要原因如下：

(1)开发利用方面，如：开发利用水平低；过度开发利用；乱开滥用等。

(2)规划方面，如：缺乏整体规划；低层次规划等。

(3)基础设施方面，如：公共设施及道路不完善；供水、排污、电力等网管布局不合理等。

(4)温泉资源保护措施不健全，如：污废水排放体系不健全等。

(5)管理体制问题，如：缺乏统一的专职管理机构、管理不力、缺乏统一的调控手段等。

2. 由于温泉资源的过度开发利用带来的主要环境问题如下：

(1)地下水位下降。

(2)地面下陷，以及由此而造成的建筑物倾斜等。

(3)温泉水水温下降、水化学组分含量减少、医疗效果降低、水量不足甚至枯竭等。

(4)污染生态环境，如排放废水污染水体等。

作为自然旅游资源的一种形式——温泉旅游也应该走一条可持续发展的道路。温泉资源是十分珍贵的地热资源，属于非遍在性的旅游资源，具有稀缺性，因此在开发中必须综合考虑开发的合理性，进行可行性论证，要以不破坏资源本身和周围的环境为前提，制定好保护规划。

【思考与讨论】

1. 结合案例一，谈谈福州温泉资源的保护工作重点应该从哪几个方面加强？

2. 当前温泉资源应该如何走可持续发展之路？

第二部分　营销篇

温泉旅游理论、实践与案例研究

RESEARCH ON THEORY、PRATICE AND CASE OF HOT SPRING TOURISM

【背景知识】

温泉市场营销的相关理论

(一)市场细分

企业经营活动是围绕有效满足消费者需求展开的,不同消费者有着不同的需求特征,市场必须进行细分,也就是在对旅游市场进行市场调查的基础上,依据旅游者需要、行为、习惯等方面的差异性,把整个旅游市场划分成若干旅游者群的过程。市场细分的对象是旅游消费者,市场细分的最终目的是区分具有不同需求特征的消费者群体。

旅游市场细分的作用主要体现在:有助于企业深入分析消费者需求;有助于企业识别新的营销机会;有助于企业选择目标市场和制定市场营销策略;有助于企业提高经济效益。一个有效的细分市场必须具备可衡量性、可进入性和可持续发展性。

旅游市场细分的标准可以概括成四大类,即地理细分标准、人文统计细分标准、心理细分标准和行为细分标准。

地理细分是指按地理位置来细分旅游市场,主要是对游客来源以及游客所来自的国家进行分析,以现实及潜在消费者的来源地为研究出发点,根据旅游输出国与接待国之间的距离,将市场分为远程旅游市场和近程旅游市场;根据旅游发生国将市场划分为不同国家旅游市场。

人文统计细分是将旅游市场按照人文统计学变量划分成不同的群体,这些变量往往易于识别且便于衡量,人文统计细分也是划分旅游者群体很常用的方法。一般情况下,旅游企业选择其中的一个或几个变量作为划分的标准。常用的人文统计变量包括:性别、年龄、收入、职业与教育、家庭生命周期、国籍、种族、宗教等。

旅游者在心理上也具有许多不同的特征,如旅游需要与动机、生活方式、兴趣爱好、价值取向、旅游习惯、品牌忠诚等,心理细分就是按照这些标准对旅游市场进行细分。

根据购买者对产品的了解程度、态度、使用情况及反映等将他们划分成不同的群体,叫行为细分。许多人认为,行为变量能更直接地反映消费者的需求差异,因而成为市场细分的最佳起点。细分市场的主要行为变量包括:购买时机、追求利益、购买率、品牌忠诚程度、购买的准备阶段、态度。

旅游市场细分一般按照以下六个步骤进行:选定市场范围—确定经营方向,了解客源市场—确定潜在市场需求,分析可能存在的细分市场—确定主要的市场细分标准,为可能存在的细分市场命名—评价初步细分的结果—了解各细分市场的消费需求和购买行为。

（二）产品开发

温泉旅游产品是温泉旅游企业向消费者提供的全部产品和物质的总和。但是，温泉旅游产品又不同于传统意义上的旅游产品。温泉旅游实质上是体验经济中的一种时尚产业。旅游者购买温泉旅游产品实际上是购买了一次旅游体验。何谓旅游体验，它是旅游者通过与外部世界取得联系从而改变其心理水平并调整其心理结构的过程。温泉旅游者所购买的温泉旅游产品，其实是温泉地物质和文化的集合。温泉旅游者沐浴在温泉水中，得到的不单是身体的享受，更多的是一种精神的升华。一个完整的温泉旅游产品由以下三部分组成：温泉旅游的核心产品是旅游产品最基本和最直接的使用价值，是其满足旅游消费者的生理需求和精神需求的基本效用；温泉旅游有型产品是指核心产品外在的表现形式，是温泉旅游者在使用核心产品时必须依附和存在的物品和服务。它包括温泉资源的品质，温泉汤池的类型，温泉地服务设施的建设等；温泉旅游附加产品是温泉旅游产品的延伸部分或辅助部分，包括温泉企业向旅游者提供的优惠条件、推销方式、营造的文化氛围等。

1. 温泉旅游产品的生命周期理论

新开发的温泉旅游产品，从投入市场开始到被市场淘汰所经历的生命周期可以分为四个阶段：导入期、成长期、成熟期和衰老期。划分的标准一般为销售增长率和市场占有率。在现实经济生活中，有些温泉旅游产品的生命历程会呈现再循环形态、多循环形态、非连续循环形态等非典型形态。产品所处的生命周期阶段不一样，具有的产品特征不同，适用的经营策略也有差异。从温泉旅游经营管理角度看，影响温泉旅游产品生命周期的因素大致可分为外部因素和内部因素两大类。外部因素是影响旅游产品在市场上发展状况的外部条件，包括政治、经济、社会因素以及有些地震、水灾等偶发因素。内部因素是指温泉旅游企业内部可控因素，主要包括资源特点、设施与服务、管理因素等。温泉旅游企业在导入期最重要的任务就是加强与旅游者沟通，让旅游者熟悉和了解旅游产品，提高产品知名度，迅速进入和占领市场；在成长期要及时抓住市场机会，迅速扩大接待能力和市场占有率，尽可能地维持市场成长；成熟期是旅游产品需求最旺盛的时期，旅游企业应该通过产品改革、市场改革、调整营销组合、开发旅游新产品等措施来尽量延长这一阶段，促成新的销售高潮；在衰退期，旅游产品的主要策略应为立即或逐步放弃。

2. 温泉旅游产品的组合策略

温泉旅游产品生命周期理论说明任何旅游产品在市场上都有从成长到衰老的过程。因而旅游企业有必要改单一的旅游产品为组合的产品体系，从而不断适应市场环境的变化。温泉旅游产品组合，是指旅游企业提供给市场的产品系列和产品项目的结构或组合，它是用三个指标因素来衡量和说明的：产品线的宽度、深度和关联度。产品线是指在技术上、结构上满足同一类需求的密切相关的产品。产品线的宽度是一个企业所有产品线的数量;产品线的深度是指每种产品线中不同等级、规格产品的多少;产品线之间的关联程度就是产品组合的关联度。在产品的开发经营中,还有必要对产品的组合形式进行调整,使企业的产品更具发展性、赢利性和竞争性。

3. 温泉旅游产品的创新策略

温泉旅游新产品是指旅游企业向旅游市场提供的较原有产品有较大差别的旅游产品。它是针对未被满足的消费需求而言的,凡是对整体产品进行了全部或部分的创新和改进,而能很好地满足潜在消费需求的产品,都属于新产品的范围。旅游新产品具体可以分为四种类型:全新产品、换代新产品、改进新产品、仿制新产品。

完全创新型旅游新产品,指原来没有出现过的产品,如开辟一条新的旅游路线、新开发一个景点、新开展一项有特色的专项旅游项目等。全新旅游产品的开发周期长,需要巨大的资金和人力投入,风险也较大。换代型旅游新产品是指旅游企业对现有产品进行较大改革后产生的旅游产品。改进型旅游新产品是指旅游企业对原有产品进行局部改进而不进行重大改革的产品。仿制型旅游新产品是指旅游企业对旅游市场上已经存在的畅销产品进行模仿而生产出的产品。产品的开发工作主要围绕这四种类型新产品的研发生产而展开。

在温泉旅游产品的开发中,需要重点注意以下原则:第一,市场原则,产品的开发必须以现实与潜在消费者的需求为根本出发点;第二,效益原则,产品的开发必须选择合适的研发和推出时机,保证新产品有足够的时间为企业赢得先机和利润;第三,差异化原则,温泉旅游产品必须具备差异化定位的基础;第四,量力而行原则,温泉旅游产品的开发必须适应旅游企业的供给能力、旅游设备容量和销售条件,并且要与当地可以利用的旅游资源条件相吻合。

一般而言,在市场调研的基础上,开发旅游新产品需要经过创新构思、过滤筛选、概念发展、营业分析、产品开发、试销、正式上市等七个阶段。创新构思的来源主要有:旅游消费者、旅游企业营销人员及其他人员、专家和调研人员、竞争者的产品信息。在产品开发中,以下策略可以积极采用:①领先策略,这一策略的实质是以速取胜、以攻取胜、以奇制胜,但要求旅游企业有较强的新产品开发能力和风险承担能力,旅游企业的领导人要有敏锐的目光和开拓的胆识,要能看到旅游市场需求的新动向并果断决策。②跟随超越策略。跟随超越策略是指旅游企业不抢先研究和开发新产品,而是仿制其他旅游企业已投放旅游市场的新产品并对其进行改进,使自己的新产品更有吸引力。③品牌延伸策略。品牌延伸策略是指旅游企业将现有成功的旅游品牌应用到新产品中去。如借用企业品牌实现从主导旅游产品向非主导旅游产品延伸、从高档旅游产品向中低档旅游产品延伸、从传统旅游产品向现代旅游产品延伸。④资源重组策略。资源重组策略是指旅游企业对现有的旅游资源重新组合,实现产品的性能更新,以使其能更好地满足旅游者的需求。

(三)价格策略

温泉旅游价格是旅游消费者用来交换拥有或使用某种温泉旅游产品或服务的利益的全部价值量。温泉旅游产品的一般价格包括单项旅游产品价格和整体旅游产品价格。

在旅游产品的价格策略使用过程中,我们需要重点关注的是价格的制定以及价格的调整。影响旅游产品价格制定的因素有很多,一般而言,可以分为内部和外部两类因素。内部因素主要包括:企业的发展战略;企业的营销目标,主要包括生存、当前利润最大化、市场份额最大化三种;企业产品的成本;企业产品所处的生命周期阶段;非价格竞争因素。而外部因素主要包括:市场需求;竞争者状况;政府与法律法规;本年宏观国际状况,主要包括经济景气状况、物价因素、汇率因素。

温泉旅游产品的价格制定一般按照以下步骤进行:评估目标市场购买力以及倾向、估测旅游企业产品或服务的成本以及结构、分析旅游企业的市场环境、确定旅游企业的定价目标、选择旅游企业的定价方法和策略。

1. 温泉旅游产品价格制定的方法

温泉旅游产品的价格制定方法主要有以下三类:

成本导向的价格制定方法,主要包括:成本加成法,即在单位产品成本的基础之上,加上预期的利润额作为产品的销售价格;变动成本加成定价法,具体的计算公式为:单位产品价格 =(变动总成本 + 预期边际贡献)/预期产品产量 = 单位产品变动成本 + 单位成本边际贡献;投资回收定价法,具体的计算公式为:单位旅游产品价格 =(固定成本 + 投资收益)/产品销售数量 + 单位产品的变动成本。目标收益定价法,具体的计算公式为:单位产品价格 =(固定成本总额 + 变动成本总额 + 目标利润)/产品数量。

需求导向定价的方法。主要包括:理解价值定价法,即旅游企业根据购买者对旅游产品的价值理解来制定价格的一种方法。实质是旅游企业利用市场营销因素组合中的非价格变数和产品的质量、广告宣传、额外利益等来影响、诱导旅游消费者,使他们对于产品的功能、质量、档次有一个正确的理解和认知。区分需求定价法,即旅游企业在基本价格的基础之上,根据不同的旅游消费者、不同的产品式样、不同的销售时间和地点进行价格的确定。这种定价方法并不是基于成本的变化,而是基于不同旅游消费者、不同时间和地点以及产品式样制定不同的价位。

竞争导向定价的方法。其一,率先定价法,即一些实力雄厚或具有独特产品的旅游企业，在制定价格时，首先将市场上竞争产品价格与企业估算价格进行比较，分为高于、低于、一致三个层次；其次对应价格，将产品的性能、质量、成本等与竞争对手进行比较，分析差异形成的原因；最后，根据各项综合指标，本企业产品的特色、优势，结合企业的目标，最终确定旅游产品的价格。其二，随行就市法，即在竞争激烈并有一定均等性的市场情况之下，产品的价格是由市场的整个供给量与需求量来共同决定的。企业只能选择随行就市，以本行业的平均价格水平或者习惯价格水平作为自己的定价标准。其三，控制供应量法，资源具有不可替代性特征的产品，处于"完全垄断型市场"，可以通过控制供应量的方法来制定合理的价格。其四，企业协议定价法，即当处于"寡头竞争垄断市场"时，为避免企业之间的恶性价格战，企业之间签订相应的协议，相互信任、相互制约，共同控制和操纵价格，这样可以达成相对稳定的市场价格。其五，追随核心企业定价法，即当市场上存在着实力雄厚，能够基本控制市场的核心企业时，中小旅游企业市场竞争能力有限，无力也不愿意与生产经营同类旅游产品的大企业展开正面竞争，从而采取跟随核心企业同类产品价格的方式定价。其六，变动成本定价法，即市场竞争非常激烈时，温泉旅游企业为了维持经营和生存，以略大于或者等于变动成本为定价。

2. 温泉旅游产品价格制定的策略

新产品在定价过程中可以采用撇脂、渗透和满意价格定价法；在定价的过程中，还可以使用尾数、整数、声望、习惯、招徕定价的方法；根据时间、地点、消费者的差异，温泉旅游企业还可以采用差别定价法。在制定了基本价格之后，温泉旅游企业还可以推出数量折扣、功能折扣、时间折扣、现金折扣、促销折扣等。

在温泉旅游企业的经营过程中，出现以下情况会主动降低产品的价格：具备成本领先优势、生产能力过剩、出于特殊的营销目的（如提高市场占有率和清理市场）、宏观环境发生变化。而在以下情况之下，会主动提高产品的价格：产品的成本提高、供需状况的拉动、特定的营销目的（如提升企业的形象，促进产品的销售）、宏观经济环境的变化。

当旅游企业主动抬高产品的价格时，可能会出现以下问题：

首先，利润减少。部分旅游产品的需求弹性比较大，并且可替代性强，一旦抬高了产品的销售价格，销售量会明显下降，虽然单位产品销售的利润增加了，但总的经营利润可能由于销售数量的减少而降低。

其次，竞争加剧。产品价格提升，行业利润的预期看涨，会引发更多的投资，刺激现有供给者增加相应的供给量，行业竞争可能会随之加剧。

最后，形象受损。一般地，中间商和消费者会认为是由于成本增加、市场供不应求才使得旅游企业选择提高产品的销售价格。但部分消费者与中间商也可能认为是旅游企业过分看重利润，通过提高产品的销售价格获得更多的经营利润。如果形成了这种认知，旅游消费者可能对企业形成不良的负面认知，转而购买其他的替代产品。

3. 温泉旅游产品价格制定的调整

当竞争对手主动调整价格时，温泉旅游企业可以采取以下的策略：(1)同向跟进，即当竞争对手率先调整了价格之后，以相同的方式跟进。竞争对手提价，则自身也随之提高产品的价格；竞争对手降低价格，则自身也跟随着降低产品的价格。(2)逆向调整，即当竞争对手启动价格调整之后，企业对自身的产品价格也进行相应的调整，只是调整的方向与竞争对手恰恰相反。(3)维持原价，即采取观望的态度。(4)实施非价格竞争策略，即旅游企业采取非价格手段进行调整。

在温泉旅游企业的经营过程中，容易走入产品价格决策的误区，主要包括：超低价倾销，价格欺诈(高价低质、不明码标价、销价降质、虚假折扣)。

4. 温泉旅游产品的非价格竞争因素

温泉旅游企业的成功运营离不开价格策略的灵活应用，但在使用过程中，应该更加重视综合运用一些非价格竞争策略。根据企业的实际状况将两者结合起来使用，相互配合、相互补充，恰到好处地发挥价格策略的作用。首先，注重价值的竞争，使企业摆脱价格竞争的局限，避免轻易发起和参与到非理性的价格战之中。其次，采取创新与差异化竞争，在营销的过程中积极进行创新，通过不断创新以及有效的差异化手段，使价格策略的使用空间更为广阔。最后，采取渠道、促销竞争。企业应该维系与中间商的友好双赢关系，构建覆盖适度、可控高效的渠道网络，赢得渠道竞争的优势。同时采取有效的广告、公关、销售促进、人员推广等促销策略，提高产品的知名度和美誉度，树立企业良好的市场形象，有效拉动消费者进行购买。

(四)品牌塑造

品牌是以名称、符号为基础的综合系统；是产品的标志，产品质量、性能、服务、文化的综合体现；它以企业的科学管理、市场信誉、企业精神为依托，是企业重要的无形和可积累资产。它包括四个层面的内涵：①品牌是一种商标；②品牌是一种招牌；③品牌是一种口碑；④品牌是一种综合体验。品牌具有无形性、效益性、专有性的特征。对于消费者而言，品牌具有识别与保护自身权益的功能；对于企业而言，品牌具有增值、促销、竞争、内聚的功能。

旅游产品作为服务产品具有明显的生产与消费同时性的特征，它建立在人与人之间关系的基础之上。旅游品牌的实质是关系，是产品及其名称与消费者发生的各种关系的总和。它首先是某种标志、符号，其次是消费者使用某种产品的体验和感受。旅游品牌的终极形态是旅游企业的无形资产。

1. 温泉旅游品牌的创建

旅游品牌经营的首要任务是旅游品牌定位,旅游品牌定位是旅游品牌建设的基础,是旅游品牌经营成功的前提。旅游品牌定位的策略主要包括:比附定位、利益定位、独特销售卖点定位、市场积聚定位、市场空缺定位。旅游品牌定位点一般从目标消费者角度、产品角度、竞争角度、识别设计角度进行挖掘。

旅游品牌识别是旅游企业通过创造和保持工作而形成的消费者联想依托物,在功能、情感、自我表现上形成有价值的主张,以建立品牌与顾客之间的关系。一般由产品、象征、企业、传播所构成。旅游品牌识别设计的原则是:简洁明了、易读易记;巧妙构思、突出特点;赋予内蕴、注入情感;匠心独运、避免雷同;符合法律、"入乡随俗"。

旅游品牌名称是旅游品牌构成中可以用文字表达出来并能用语言进行传播交流的部分,是旅游品牌的代表。旅游品牌命名的标准是:具有美感、易读易记、突出个性、启发联想。旅游品牌命名的策略主要有:以产品暗示的利益命名、以品牌的文字类型命名、以姓氏人名命名、根据物名命名、根据地名命名、改创新词命名。

旅游品牌的质量包括旅游产品自身质量和旅游品牌给消费者的感受。旅游品牌质量管理具体包括以下内容:旅游产品设计开发的质量管理、旅游产品生产(销售)过程中的质量管理、旅游者期望值的管理、旅游品牌质量的检验与监督。

消费者的品牌忠诚是企业经营最为宝贵的财富。品牌忠诚有利于企业赢得稳定的利润。成功品牌的利润,80%来自于20%的顾客。品牌忠诚还有助于缓解竞争品牌的冲击和进行品牌延伸与扩张。创建成功的旅游品牌,自始至终都必须关注品牌的忠诚度。提升品牌忠诚度的主要方法包括:从消费者的需求出发、提高产品质量,制定合理价格、塑造品牌情感、管理消费者满意度、采用有效手段留住消费者。

2. 温泉旅游品牌的使用

当旅游消费者想到某一好的品牌后就会产生一系列联想、印象。这种联想即旅游品牌联想。促成积极的旅游品牌联想的策略主要包括:创造品牌故事、设计灵魂人物、借助有名望的消费者、迎合消费者心理。

成功的品牌建立了与目标市场之间的稳定的联系,可以利用这种关联,通过品牌延伸对品牌进行更为充分的利用。旅游品牌延伸的主要方法有:旅游品牌定位延伸、旅游品牌产品线延伸、旅游品牌向网络领域延伸。

旅游品牌扩张是指旅游品牌产品市场范围的扩大。即通过旅游品牌在产品上的扩张来提高品牌的市场影响力,使品牌放大、增值。品牌扩张有利于对原有品牌的充分利用,开拓企业经营的市场领域,提高整体品牌系统的投资效益。同时,旅游品牌的扩张也会有一定的风险。旅游品牌扩张的方法主要包括:旅游品牌连锁策略、旅游品牌并购策略、旅游品牌联合策略。

经济的发展离不开创新,旅游业激烈的竞争要求企业不断进行创新。创新一般围绕技术、管理及制度而展开。旅游品牌的创新主要包括技术和产品创新两种。

在旅游品牌的使用过程中,必须进行维护。旅游品牌最大的敌人其实并不是竞争者,而是品牌拥有者自身。旅游企业的品牌维护工作主要包括:企业用法律手段对旅游品牌商标、产品进行自我保护;社会通过系统工程对旅游品牌进行保护,主要通过法律和政府的管制实现。

3. 温泉旅游品牌的维护

旅游品牌的维护可以通过以下方式实施:保持与旅游消费者需求之间的动态平衡、实施企业形象识别战略、保持良好信誉。

(五)宣传推广

在温泉旅游企业的经营过程中,企业必须借助各种宣传、吸引和说服的方式,将旅游地及旅游产品的有关信息,传递给旅游产品的潜在购买者,以实现旅游产品生产者和消费者的有效沟通,使其信赖并购买自己的旅游产品,达到扩大销售的目的。宣传推广的实质是要实现温泉旅游营销者与旅游产品潜在购买者之间的信息沟通。旅游促销的工作核心是沟通信息。最终目的是促进消费者购买以实现双赢。

有效的宣传推广主要是由确定目标顾客、确定信息沟通目标、设计信息、选择信息沟通渠道、提出促销预算、确定促销组合、衡量促销成果、管理和协调总的营销沟通过程组成。

旅游企业在宣传推广中常用的方法包括:广告、营业推广、公共关系和人员推销。企业一般根据市场状况、购买心理接受阶段、产品所处的生命周期来进行各种促销方式的组合。

表 2-1 促销组合分析

促销方式	定义(描述性)	优点	不足
广告	由明确广告主,以直接付费的形式通过媒体作公开宣传,从而达到影响消费者行为,促进相关产品销售的目的的非人员促销方式。	传播面广而效率高;对于分布地域广阔而分散的消费者而言,平均广告成本费用较低。	电视媒体一次性收费较高,说服力较弱,不能因人而异,难形成即时购买。

续表

促销方式	定义(描述性)	优点	不足
公共关系	企业或组织为了取得自身内部及社会大众的信任与支持,为自身的发展创造最佳的社会关系环境,在分析和处理自身面临的各种内部和外部关系时,所采取的一系列决策和行动。	有第三者说话,可信度高,有情节性、趣味性,可接受性强;最可能赢得公众对企业的好感;影响面广、影响力大,利于迅速塑造被传播对象的良好形象。	活动设计有难度,且组织工作量大;不能直接追求销售效果,运用限制性大。
销售促进	企业在某一特定时期与空间范围内通过刺激和鼓励交易双方,促使旅游者尽快购买或大量购买产品或服务而采取的一系列促销措施和手段。	在点上的吸引力大,能把顾客直接引向产品;刺激性强,激发需求快,能临时改变顾客的购买习惯。	有效期短,如持续长期运用,则不利于塑造产品形象;组织工作量大,耗费较大,而影响面较窄。
人员推销	企业从业人员直接与旅游消费者或潜在消费者接触、洽谈,向其宣传介绍旅游产品或服务,以达到促进销售目的的活动过程。	个人行动,方式灵活,针对性强;易强化购买动机,及时促成交易;易培养与顾客的感情,建立长期稳定的联系;易收集顾客对产品(服务)的反馈信息。	费时费钱,传播效率低,往往成为平均代价最高的促销手段。

广告具有大众性、较强的可重复性以及表现力,在旅游商品的宣传推广过程中产生举足轻重的影响,具有不可替代的作用。在广告的制作过程中,有形的旅游资源以及旅游服务设施为广告的设计提供了较好的可感知性基础。同时,旅游商品的本质是服务产品,它是无形的,现实及潜在的旅游消费者难以通过感觉器官直接感受旅游服务产品。这样,潜在的旅游消费者将相对更多地以旅游广告信息,尤其是旅游手册之类的宣传品作为购买决策的依据。因而,在温泉旅游产品的宣传推广过程中,旅游广告和宣传品发挥了主体作用,而温泉旅游印刷品则成为温泉旅游宣传推广的最基本的手段。

目前,吸引力、独特性和可信度是对广告进行评估和选择的主要标准。针对这一标准,广告信息的表达应达到六个方面的基本要求:焦点——使广告信息具有明确的中心和重心,具备很强的凝聚力;简洁——以尽可能少的题材突出广告的焦点，使广告信息简明、单纯；魅力——广告设计不仅要对目标受众有一般的吸引力，而且要有触发他们情感的情绪；统一——必须以主题为中心，做到内容与形式统一、信息与艺术统一；平衡——对不同广告表现形式和具体信息进行合理编排布局，使受众充分感受广告的完美和诱人；技巧——通过精湛的广告制作技巧，准确、完整地实现设计的要求。

在温泉旅游的广告设计中，经常使用到旅游宣传口号，它是旅游广告信息的一种表达方式，宗旨是简洁、生动、易识、易记。在宣传口号的写作中，必须突出三点：富有韵味、简明易记；富有特色，亲切感人；品名准确、利益突出。

在温泉旅游市场竞争激烈程度不断加剧的环境下，各个温泉旅游企业在广告上的投入不断增多，但广告对消费者群体的影响不断减少；同时，人员推销随着推销员使用成本的增加而成本日益高涨。在此背景之下，公共关系相对而言，成了一种成本低而且收益高的促销手段。

公共关系的功能主要体现在以下几个方面：紧密联系社会各个方面，及时提供各种相关的信息，与相关团体、政府部门、顾客以及新闻界保持经常性联系；布置公关活动方案，提供建议和忠告；进行危机处理，树立企业良好的形象。

公关活动的类型主要包括：①宣传型公关。即旅游地或者旅游企业利用各种传播媒介，例如报纸、杂志、电台、电视台等向社会展示自己的发展成就与公益形象，以形成有利于本组织发展的社会影响与舆论环境；②交际型公关，是指由公关人员通过各种社会交往活动，建立广泛的横向联系，以沟通信息和塑造企业形象的一种公共关系活动方式。在旅游业中，公关人员的个人看法对日常接触的顾客和业务同行有很大影响。由于顾客无法看到产品，因此尤其依赖别人的意见和看法。所以保持和社会各个部门的良好关系是很重要的。③服务型公关，是指旅游企业为社会公众提供热情、周到、方便的优质服务，赢得公众的好感，从而树立良好形象的公共关系活动。这类公共关系要求旅游企业树立以顾客为中心的服务思想。④社会型公共关系，是指通过与有关社会团体建立联系，参加发展社会项目，举办各种社会性、文化性或公益性的活动来树立旅游企业声誉的公共关系活动。赞助是提高企业形象的重要手段之一，企业可以对运动队、当地慈善机构、旅游业刊物或活动、大型文化与体育活动进行赞助，来面对公众做企业的正面宣传，通过赞助活动，使企业标志、品牌标志或名称出现在活动标志、广告牌及人员服装上。⑤征询型公共关系，是指通过采集信息、舆论调查、民意测验、设立公众监督电话等方式，为旅游企业的经营管理决策提供客观依据，以不断完善企业形象的公关活动模式。这类公共关系有助于旅游企业了解影响潜在顾客购买的障碍性因素，有利于旅游企业改进与完善营销工作中的不足之处。

旅游公共关系促销活动主要包括：参加旅游展览（销）会，策划社会赞助活动、举办记者招待会,等等。

销售促进的主要形式包括:免费营业推广,即将特定的温泉旅游商品或利益免费赠送给消费者。在为消费者提供短期激励的促销方法中,免费营业推广活动的刺激和吸引力最大,温泉旅游消费者也倾向于接受。免费营业推广经常使用的手段包括:赠送赠品、免费纪念品和赠品印花三种方式。优惠营业推广,即将特定的旅游产品或利益以低于正常水平的价格销售给温泉旅游消费者。它的核心是企业给予消费者实际的利益。优惠营业推广的手段多种多样,主要是一些由折扣衍生出的推广方式。例如折价券、折扣优惠、退款优惠,等等。竞赛营业推广,即举办竞赛、抽奖等富有趣味和游戏色彩的推广活动,激发消费者好胜、竞争、侥幸和寻求刺激的心理,刺激旅游者、经销商或销售人员的参与兴趣,增加销售。常常使用的手段包括旅游者竞赛和抽奖、经销商销售竞赛和推销人员的销售竞赛,等等。组合营业推广是旅游企业或相关企业的联合促销,以温泉旅游者满意为目的,是综合应用销售促进与广告、公共关系而进行的促销。表现为免费、优惠、竞赛、抽奖等各种促销工具的综合运用与组合搭配。具体内容包括:联合推广,例如举办旅游博览会;服务推广,例如通过完善的售前、售中、售后服务进行推广;包价旅游,例如会议组合包价旅游、商务组合包价旅游、周末组合包价旅游、节假日组合包价旅游等。

旅游人员推销是一种人与人沟通的方式,是旅游推销人员说服旅游者购买旅游产品的过程。在此过程中,实现旅游产品的销售,达成交易,满足温泉旅游消费者的需求,实现他们的利益追求。旅游人员推销具有与旅游广告、公共关系、销售促进不同的鲜明特点:直接性、灵活性、双向性、推销目的的双重性、满足消费者购买需求的多样性、推销活动的多层次性、较强的人文情感色彩。

在旅游人员的推销工作中,旅游推销人员不经过任何环节直接与购买者面对面接触,直接介绍和宣传产品或服务,充分展示产品或服务的特性,解答顾客的疑问,说服旅游消费者采取相应的购买行为。旅游人员推销的主要形式有:派员推销、营业推销、会议推销、小组推销、电话推销、书面推销、导购推销,等等。在推销过程中,推销人员应该遵循互惠互利、推销使用价值、人际关系、尊重顾客的原则。推销过程一般可以分为七个阶段:寻找顾客、接近前的准备、接近目标顾客、推销面谈、处理异议、成交、后续工作。这些阶段是相互联系、相互影响、相互渗透、相互转化的,任何一个环节的失误都会导致整个推销过程毁于一旦。

一、市场细分

【案例一】珠海海泉湾有效的市场细分

2002 年 4 月 18 日,香港中旅国际投资有限公司与珠海市政府签订开发协议,成立了港中旅(珠海)海洋温泉有限公司,第一期投资 22 亿元,依托稀缺珍贵资源,利用海洋温泉建成温泉中心、度假(会议)酒店、主题乐园等项目。自 2006 年 1 月 22 日向游客开放以来,接待游客 420 多万人次,在珠海市景区旅游收入中占有 58% 的份额,成为国内休闲度假类产品的集散地。

在珠海海泉湾的经营中,主要采用地理变量进行了市场细分:

以珠海为圆心,300 公里为半径画一个虚拟的圆圈,所有在圆圈半径内的区域都被认为是港中旅(珠海)海洋温泉度假区消费者的有效半径,人们可以很容易到达度假区进行旅游活动。

根据地域的特点将客源市场分为多级市场。其中一级目标市场为度假区的核心客源市场:主要包括香港、澳门、中山、江门、东莞、南海、顺德、广州、深圳等城市,这些区域经济发达,消费者消费能力强,距离近,交通便捷,吸引力大,回头客多。二级市场是重点客源市场:主要包括汕头、惠州等珠三角地区以及湖南、湖北、广西等临近省份。其中,由于澳门是台湾游客进入大陆较为经济的通道,很多台湾游客都取道澳门进入内地,因而可以将台湾也作为重点客源市场。三级目标市场是与我国临近的日本、韩国、东南亚等国家,它们主要受到我国国内大的旅游气候的影响。东亚、东南亚国家也是度假区的目标客源市场。除此之外,每两年一次的珠海世界航空展、国际方程式汽车大赛等也能成为企业的客源市场。

【案例分析】

市场细分的实质是区分消费者的需求特征。在企业的经营过程中,市场细分是为了进行合理的目标市场选择和市场定位。在本案例中,海泉湾的成功之处主要在于选取了合理的细分变量。

随着温泉旅游的不断发展,其消费者从特殊人群向一般人群转变。消费动机主要表现为休闲、度假、体验;消费频率不断增加;消费时机更多集中于周末等短期闲暇。以上消费特征使得距离成为人们选择温泉旅游目的地的一个重要影响因素。同时,不同的距离,也决定了不同的消费动机和消费能力。因而,地理因素是进行温泉度假村客源市场细分的一个重要的基础变量。

【案例二】白领最喜欢的广东温泉地

“乐活温泉,泉在广东”。温泉和广东人的生活从来都有种特别的联系。尤其是冬天,广东人最喜欢挑选个闲暇日子,和亲朋好友一起造访周边的某个温泉度假区,一边享受一池温润泉水的细腻呵护,一边在有山有水的度假区内静享一段逃离喧嚣、亲近自然的慵懒时光。

“我为温泉狂”。有人曾说过这样的话,温泉在广州的白领一族中也是格外受欢迎。谁是2010年度广州白领心目中最喜爱的温泉度假胜地?谁将独领风骚,让众多温泉景区尽折腰?谁将是2010年度广东温泉行业的领航者?又是谁让游客流连忘返?谁又将继续引领未来广东温泉的新风尚?

由《精品生活》主办,搜狐全程网络支持的“2010年度广州白领最喜爱的温泉度假胜地”调查活动如火如荼展开。

调查评选历时2个月,《精品生活》报纸、精品生活官网、搜狐网、手机短信等同时发布调查活动信息,五大渠道(网站在线调查填写、E-mail、传真、快递、平邮)回收调查问卷,共回收有效问卷1.4万多份。通过2个月的跟踪报道,采访各大温泉景区负责人、行业专家,寻找到高端景区与白领的需求点;同时又通过读者投票和我们的调查分析,十大“2010年度广州白领最喜爱的温泉度假胜地”便诞生了。因此本次评选结果将为人们提供最权威的新年出游参考。同时活动还邀请了几位白领玩家代表现身说法,一起分享对于温泉度假区的个人诉求和独特感受。

一、1.4万读者给力参与,中等收入阶层参与度最高

从2010年10月下旬开始的温泉调查评选吸引了1.4万多位读者参与,其中通过本报官网、搜狐等投票的读者占了约80%,另外20%的读者通过传真、邮件、快递等形式参与调查。此外,本报还针对部分VIP客户进行了电话调查。从活动回收的问卷来看,本次活动影响遍及珠三角和港澳地区,受调查者的月收入大部分在5001~12000元之间,属于中等收入阶层,消费能力相当强,经常自驾车去温泉景区度假,跟本次调查活动的定位相吻合。

二、选择温泉环境,最看重自然风光

调查显示,消费者还是倾向于自然风光、原始生态的温泉度假景区。逃离都市快节奏、高楼密集的生活空间,到自然风光优美的温泉区度过闲暇已经是白领一族放松身心,休闲度假的新风尚。

三、服务与水质最受关注,住宿优选别墅

在评选活动中,我们将温泉水质、服务、住宿设施、美食特色、交通便利性、配套娱乐、商务设施、个性化的服务项目等作为评选的标准,通过对问卷的统计分析,发

现水质、服务和住宿设施是大部分读者最关注的三个方面，其次才是配套娱乐和美食特色。本次入选的温泉度假胜地在以上各方面各具特色，各有所长。随着春节的临近，今年的天气又特别寒冷，不少参与调查的读者都表示有春节出游泡汤的需求，主要集中在家庭亲子游和情侣浪漫游。

【案例分析】

1. 进行市场细分，明确消费群体，整合资源，有的放矢

细分市场，对于温泉旅游营销可起到不可估量的作用。根据凯姆（Kim，2004）和弗罗强特（Frochot，2005）的研究，基于追求利益细分市场的好处主要有：第一，追求利益属于因果关系因素，它比人口统计学特征、出游特征等因果关系可更有效地预测消费者需求；第二，有助于设计广告的宣传口号，即根据目标消费群体对产品的特定需求，以强调该产品属性的语句作为宣传口号；第三，根据细分市场的利益取向，有助于进行产品更新或新产品设计；第四，结合人口统计学、心理学等变量，能更全面地了解细分市场的特征。案例中，广东省温泉从业人员和媒体合作，首先明确细分市场目标群体——白领阶层，然后进行市场调查，明确目标市场诉求。

2. 旅游消费新发展，温泉旅游营销因地制宜，因人而异

随着近代旅游业的发展，旅游者的旅游消费趋向经历了持久的、深刻的变化。Auliana Poon 认为，进入 20 世纪 90 年代后的旅游者是一种新型的旅游消费者，他们的特征表现在经验、价值观、生活方式、人口统计特征、适应性和独立性这些方面（见下图）。

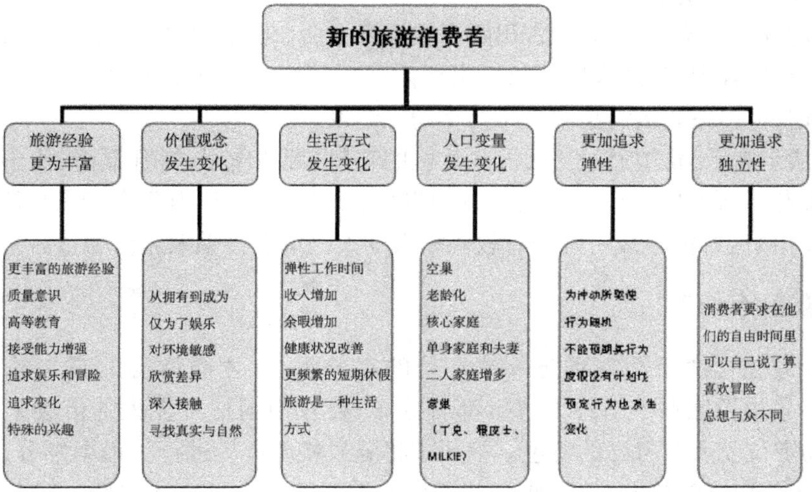

图 2－1　新的旅游消费者特征

广东是一个温泉大省，温泉数量虽多，但存在活动项目单一、产品雷同、市场定位不明、缺乏主题等问题。面对竞争日益激烈的温泉行业，根据游客需求营造自身特色是温泉度假区成功的关键。（陈江南，2005）这就需要温泉从业人员，更加清楚市场需求，通过市场调查等方式，研究目前旅游者的心理变化和对旅游产品和服务的新要求。

白领具有许多新的旅游消费者的特征，也是目前旅游消费的一个主力军，他们收入高，工作压力大，对健康也越来越重视。寻找一个能够缓解疲劳、舒缓压力的地方享受闲暇时光，成为他们旅游度假的首选。案例中广东省这次针对各大品牌的温泉旅游地开展的市场调查，正是看清了这个庞大的旅游消费市场，明确目标，彰显了入选的不同的温泉地具有的满足消费者需求的不同开发特色，此次调查也为今后温泉企业的经营、产品的开发及推广提供了依据和指导。

【案例三】福州温泉旅游将走高端路线

2011年4月27日晚，福州市旅游局副局长林从宇在做客“中国福州”门户网站接受高端访谈时透露，“十二五”期间，福州将建成一批上规模、上档次、上水平的大型高端旅游项目，以提升福州旅游的知名度和美誉度，根据规划，福州温泉旅游将走高端路线。

2011年初，福州市启动三大温泉旅游片区的建设，即贵安、桂湖、中心城区。贵安片区主要是建设东雁温泉文化旅游综合体、贵龙温泉旅游度假村二期、海峡文化村、温泉高尔夫五星级会所等项目，其中，贵龙温泉旅游度假村二期有望年内竣工。桂湖片区主要是建设桂湖生态温泉城，目前正抓紧完成前期工作。城区片区主要是建设中国温泉博物馆、古田路高级温泉会所、北区水厂源脉温泉休闲园等高端温泉项目，其中，北区水厂源脉温泉休闲园项目五月十八日前对外开放，中国温泉博物馆、古田路高级温泉会所年内将动工建设。

林从宇表示，希望通过三大温泉片区的辐射、带动作用，提升福清、长乐、闽侯、闽清、永泰等周边县（市）区温泉旅游的发展，争取2～3年内除个别县（市）区外，每个县（市）区都能建成一两个有较高档次的大型综合性温泉旅游项目。

【案例分析】

魏小安提出“个性需求与一流环境的完美组合，才能称得上高端的休闲度假”。温泉旅游区在中国各大省市都有分布，要在中国这个庞大的市场上异军突起，市场定位就要有自己的特色。福州市将温泉旅游市场进行了市场细分，将其温泉旅游定位成高端旅游，从而使得其温泉旅游区的建设更有依据性、规划性、科学性。高端温泉旅游市场具有需求个性化、产品多样化、服务个性化、品位贵族化等特点。福州市对高端市场进行了分析判断，开发了三大风格各异的温泉旅游区，从而形成一个完整的温泉休闲度假城，做到了真正的个性需求与一流环境的完美结合。

市场细分的具体步骤：选定市场范围—确定经营方向，了解客源市场—确定潜在市场需求，分析可能存在的细分市场—确定主要的市场细分标准，为可能存在的细分市场命名—评价初步细分的结果—了解各细分市场的消费需求和购买行为。

福州与陕西的西安、广东的从化并称为中国三大温泉城市，福州温泉旅游经历了一系列的发展。现阶段中国温泉步入休闲养生的主题，在这个大环境下，福州温泉经过科学的市场调查和细分，确定了温泉发展的未来方向，如果加上科学化的管理，福州高端温泉品牌一定能成为中国温泉的一个标志。

【思考与讨论】

1. 市场细分在温泉旅游开发中的作用体现在哪些方面？
2. 你认为我国当前的温泉旅游市场可以如何进一步细分？

二、产品开发

【案例一】日本温泉产品的真醇与繁华①

日本频繁的地壳运动造就了星罗棋布的温泉，处处可见具有养颜、健身功能的泡汤或各式观赏性温泉。据有关资料报道，日本从北到南约有2600多座温泉，有7.5万家温泉旅馆。每年日本约有1.1亿人次使用温泉，相当于日本的总人口数。因而，日本素有“温泉王国”的美称。日本的温泉不仅数量多、种类多，而且质量很高。具体分布状况如下图所示：

图2-2 日本温泉地理分布图

日本温泉有几千处，颇具“温泉就在家门口”的意味。日本的温泉产品在设计、开发中具有普遍性和一致性的特征。

① 资料来源：日本旅游综合资讯网：http://www.e-japannavi.com/onsen/index.shtml

一、日本温泉的真醇:标准明确的开发保障+自然形成的特色开发

在日本的温泉产品开发中,各种产品的设计基础是规范的相关法律规定,这为温泉产品的质量基准提供了保障,体现出具有较大策划空间的温泉产品真醇的实质。例如,温泉这一产品名词的使用必须符合温泉法中对其明确的规定:由地下涌出的泉水中,温度在摄氏25度以上,并在1公升泉水内,至少含有温泉法指定的矿物质元素中的任何一种,如游离碳酸、氢离子、氟离子等。而日本众多的温泉按照所含泉质分为11种类型:单纯温泉、钠碳酸氢盐泉、钠盐泉、二氧化碳泉、钙镁碳酸氢盐泉、硫酸盐泉、铁泉、硫化氢泉(硫磺泉)、酸性泉、放射能泉(镭泉、氡泉)、含铝泉(包括铝铁硫酸盐泉、含铜硫酸盐酸性泉等)。要被称为疗养泉,1千克的泉水中必须含有以下7种特殊成分中的一种:游离二氧化碳1000毫克;铜离子1毫克;铁离子20毫克;铝离子100毫克;氢离子1毫克;硫磺2毫克;氡111贝可。

在日本的温泉产品开发过程中,非常重视产品的天然本质,在温泉开发中注重温泉内各种微量元素的含量,不在开发中另加元素。例如,从颜色上看,仅透明、红色、黄色和黑色几种,各地温泉的元素含量并不相同,企业决不在温泉中放其他的东西而号称包治百病。

例如草津温泉(Kusatsu Onsen)别名"药出汤",自然涌出量为每分钟约4万立升,位居日本温泉之首。温泉自然环境优美,疗效极高,自古便作为治病健体的著名温泉而远近闻名。因而,在开发中,草津温泉更多地结合自身特色实际,对于温泉的药用疗效进行开发。草津温泉的草津温泉乡街中有一"汤田",终年热气腾腾的高温泉水流淌不断。草津温泉开发出一项传统活动,使用长木板搅拌温泉浴池中的泉水,以达到使温泉中药物元素混合均匀,降低温度和提高疗效的目的,成为温泉街的象征。

越后汤泽温泉(Echigo Yuzawa Onsen)又称"越后汤泽",是日本名副其实的"雪国",冬季积雪4至5米高,大雪封门不为鲜见。据传汤泽温泉最早发现于1076年(承保三年),1931年(昭和六年)随上越线的开通开始大规模开发。而真正令汤泽温泉家喻户晓的则是诺贝尔奖获奖文学家川端康成的名著"雪国"。在开发中,该温泉更多地将"雪"与"泉"的结合作为开发的重点。例如,在温泉四周山岭上开发雪量充足的众多滑雪场。

二、日本温泉的繁华:消费者需求与温泉自身功能的时尚结合

2007年,日本本州岛东南部温泉度假胜地箱根开发出特色温泉产品——拉面温泉。

在拉面温泉,放眼看去的事物都与拉面有关。白色浴池是圆形的,每个直径达2米,外部印着一圈红色花纹,好像一个大面碗。一双巨形筷子夹着拉面和烤肉造

型的装饰，挑在“面碗”上方。“碗”中浴汤飘来阵阵胡椒香味，就连浴盐也做成了拉面的形状。

洗浴者穿上浴服跳进“面碗”，浴场工作人员打扮成拉面馆的店员，拿着“面勺”为他们添“汤”。大人、小孩泡在“碗”中，感觉非常兴奋。顾客在泡“拉面浴”过程中，开始会觉得有点怪，但水温热诱人，像胡椒汤一样，顾客慢慢会有种非常享受的感觉。

“拉面浴”不仅能使人们得到乐趣，而且可以使消费者获取面条中的健康成分，可以促进洗浴者新陈代谢，去除死皮，有利于身体健康。关键是“拉面浴”具有明显的“精神疗效”。胡椒的味道可以清醒人们的大脑，使疲倦的人感到放松和温馨，焕发精神，重燃斗志。

拉面是日本的“国食”，深受国民喜爱，在有特色的拉面馆门口，客人常常排成长龙，以拉面为创意的“拉面温泉”也受到众多国民的青睐。

【案例分析】

在世界温泉产业的竞争格局中，日本温泉旅游业的领先地位是不言而喻的。日式温泉的经营模式及温泉文化特色非常明显，这些必然需要通过温泉旅游产品的开发体现出来。本文案例中，日本在温泉开发中的成功之处主要体现在营销驱动与驱动营销的结合上。

首先，成功的营销驱动：温泉产品的核心利益开发真正做到了以消费者的需求为出发点。

温泉作为人们的一种休闲方式，消费者关注的核心利益因素中，健康无疑是一项非常重要的因素。在这里，健康指的是身心健康，即身体健康与心理健康的统一。其中，身体健康的居民模式已经从医药救助模式转变为医疗保健模式，在医疗保健模式之下，人们更加注重身心健康的保障，对防患于未然给予了更多的关注与投入。因而，对温泉产品的开发而言，应该以消费者的身心健康保障作为出发点。在本案例中，日本的温泉产品开发是以产品的自然水质为基础的，一般不做任何元素的添加，这样才能利用温泉这种特殊旅游休闲产品的基本利益来满足消费者的需求。在企业的经营过程中，我们的确可以用添加等方式改变温泉的基本特征，甚至创造出温泉的基本特征，但这样一定程度上类似人造的温泉从长远来看，很难在激烈的市场竞争中以自身的特色满足消费者的长远利益诉求。

其次，主动的驱动营销：温泉产品开发有效地对需求进行了引导。

温泉作为人们的一种休闲方式，在提供给消费者的利益中，满足消费者的娱乐需求是一项重要的考虑因素。不同的企业，可以从不同的角度进行娱乐元素的设计。企业可以引领消费者的需求，为温泉消费者提供更多的娱乐选择。本案例中，娱乐元素与日本的饮食文化有效结合，一方面能够通过创新吸引消费者，另一方面，能够使日本的特色文化交融，丰富了日本的整体文化特色。

在日本温泉的经营中，在日本国内文化环境变化发展之后，将有更多的产品开发创新策略予以实施。

【案例二】温泉园林、养生基地——恩平帝都温泉浴区设计

广东恩平帝都温泉旅游区，以生态文明为发展方向，以生态理念为核心，以旅游养生为市场定位，以精神资源和自然资源集合为创新点，通过意向、意境、意义、意念、意韵、意识、意时、意匠、意向九方面表意为建筑创作特色，以浸浴、温凉交替浴、水平坐式水力按摩浴、水平卧式水力按摩浴、上喷式温泉水力按摩浴、混合式水力按摩浴、下冲式温泉水力按摩浴、斜冲式温泉沐浴、淋浴、游浴、滑浴、浪浴、漂浴、炕浴、雾浴、凉温阴阳浴、药浴、温泉蒸浴、山泉浴、文化浴、花木浴、声浴、阳光浴、温泉石浴等二十四种沐浴方式为温泉养生特色，以太极池、四并堂、河图园、十二生肖池、九重天瀑布等六种各具特色的沐浴区为温泉养生的重点场所。帝都温泉旅游区以生态理念为核心，确立以强身健体为目的，设计了一系列具有自身特色的温泉旅游产品。帝都温泉规划中提出，在温泉中要有两种体验：一是在旅游中增进健康，利用温泉园林的特色，吸引游客来旅游养生，使亚健康变成健康，健康的更健康；二是在绿野中怡养健康，利用山林绿色的自然生态环境，使游客心旷神怡。

【案例分析】

温泉资源属于非稀缺性资源，全国各地都有分布。目前，全国各地温泉旅游开发同质性现象十分严重，所以在开发温泉旅游资源时，产品创新便成了关键。广东温泉开发水平居全国前列，恩平帝都温泉与广东其他温泉有共同的客源市场，所以如果想要在众多品位较高的温泉中异军突起，温泉旅游开发必须要遵守差异化原则。温泉旅游者购买温泉产品的时候，他们购买的其实是特色，不但要有好的产品质量，还要有独特的设计风格设想标准。

温泉旅游作为一种体验式旅游，目的是让旅游者在体验温泉旅游产品的过程中，享受愉悦的心情，感受健康的生活方式。恩平帝都温泉旅游区，以“养生”为经营理念，以中式文化为脉络，进行不同的温泉产品的组合，使恩平帝都温泉旅游区真正具有发展性、赢利性和竞争性的优势。

表 2－2　恩平帝都温泉养生产品组合策划

产品发展方向：生态文明 产品设计原则：利用自然 产品市场定位：旅游养生	⟶	功能产品：二十四种沐浴方式 文化产品：九方面的表意 企业文化：温泉园林 养生基地

【案例三】小汤山温泉旅游转型　发展“温泉养生＋会展商务”旅游新产品

目前，昌平旅游业依托当地生态、文化等各种资源，充分发挥比较优势，开发出了不同主题和类型的温泉旅游产品。目前，小汤山成功实现了向会展旅游的转型，“温泉＋会展”复合型旅游新模式应运而生。“中国温泉之乡”成为小汤山旅游业的一块黄金招牌，对发展小汤山旅游也起到了强大的推动作用。小汤山目前共有1～5星级酒店47家，其中33家具备了会展功能，使用面积达68.4万平方米，会展配套基本齐全，具备了一定的会展组织能力和经验。但是小汤山温泉地并未引起全国乃至世界的关注，产品转型势在必行。

【案例分析】

小汤山温泉开发由来已久，之前多数用于温泉疗养。随着温泉旅游的发展，要想在竞争激烈的温泉旅游市场上占有一席之地，小汤山这个“中国温泉之乡”的产品转型，必须科学合理，符合市场的需求。

小汤山温泉旅游区，进行了产品转型创新开发，抓住核心产品，将旅游产品进行不同功能和层次的区分，开发支撑产品和辅助产品，满足温泉旅游者不同层次的需求。

表2－2　小汤山温泉旅游产品功能分区

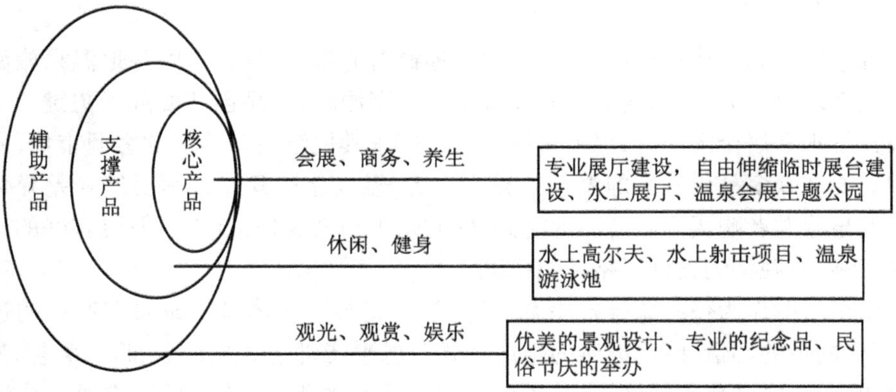

【案例四】新西兰罗托鲁阿:"地下之浆"①

新西兰位于环太平洋火山带,因此温泉遍布全国。

罗托鲁阿是新西兰最具火山特色和地热特色的地方,到处可见冒着蒸汽的温泉、沸塘、硫磺湖和间歇泉,不时有热泉夹带着蒸汽从地洞中喷出,气雾缭绕、怪味冲天,热气腾腾的喷气孔周围囤积了一层硫磺。其中,"浦湖渡"间歇喷泉是几处喷泉中最大的一处,每天约喷发 10 ~ 25 次,喷发高度通常为 16 ~ 20 米,有时可高达 30 米。1880 年,来到这里的欧洲人相信温泉对人体健康有益处,于是与毛利人签订协议,建造了一个矿泉疗养地,这就是今天罗托鲁阿城市的雏形。

除了温泉,沸泥池也是罗托鲁阿最吸引人的地方之一。它实际上是一潭潭由温泉"煮沸"了的泥浆,一股股地下的热气冲开泥浆扑哧扑哧往外冒。沸泥池旁建有土著的毛利村,据说过去毛利人把捕获的猎物投到泥浆里,取出来就是一顿美餐。毛利人还发现泥浆的治疗作用,受伤时都会来这里泡泥浆疗养。把这种发烫的泥浆涂抹到身上,晾干后再剥掉,据说能治皮肤病和风湿病。如今这个日夜开锅的泥潭旁就有旅馆,不仅有温泉淋浴,还专门提供这种泥浆浴的特别服务。

据介绍,罗托鲁阿总共有五种活力交替出现。首先你可以听到蒸汽和温泉从地面的气孔中发出的咝咝声,使你感觉到地球的巨大能量;其次,当你来到毛利村寨观看了赏心悦目的传统毛利表演后,你能体会到毛利文化的深厚底蕴;第三种活力来自于天然温泉,它能放松你疲惫的精神;你还可以去探险、钓鱼、划独木舟、游泳、骑山地自行车去享受各种户外运动,这是第四种活力;除此之外,如果你想挑战自己,此处的极限运动是你需要尝试的第五种活力,如跳伞、乘喷射快艇和玩滚人球。

【案例分析】

温泉旅游产品的开发不只是针对温泉资源本身,还有其衍生产品。从温泉旅游产品线的宽度、深度和关联度方面开发温泉旅游产品是十分必要的。产品线是指在技术上、结构上满足同一类需求的密切相关的产品。产品线的宽度是一个企业所有产品线的数量;产品线的深度是指每种产品线中不同等级、规格产品的多少;产品线之间的关联程度就是产品组合的关联度。案例中,温泉旅游产品除温泉资源本身外,还有"煮沸"的泥浆、毛利表演、各种室外体育项目。从产品的深度和宽度以及关联程度出发,满足了游客对罗托鲁阿的养生、文化、健康、刺激、欢乐等各种需求。

---

① 资料来源:中国温泉网 http://www.hstcn.com/html/wq_home/201.html

【思考与讨论】

1. 利用旅游产品三层次的理论分析你所熟悉的温泉地。
2. 如何创新发展温泉旅游产品？
3. 上述案例对于温泉旅游产品的开发有何借鉴价值？

三、价格策略

【案例一】海南珠江南田温泉价格策略与产品策略的和旋[①]

海南三亚的珠江南田温泉属大型医疗热矿水田，富含氟、镁、钙、钾、锌、钠等对人体有益的微量元素，具有八方面的热带海岛特色：在服务方面，依托黎苗民族特色的文化环境，由极富风情的黎苗少女提供热情服务；在特色美食方面，提供园林果蔬、农家风味、池畔烧烤及茶吧；在观光方面，有佛像水文化广场、青蛙王子天地、天浴别墅、露天凤吕、椰林仙踪、神泉大桥、碧湖绿岛；在温泉方面，采用热带海岛园林设计，一池一景，水温 12℃～42℃，有冰池、衡温池、高温池等，不司的池景，不同的心境，不同的温度，提供不同的感受；在运动方面，消费者可以体验太极晨运、瑜伽养生、水上游乐、湖边垂钓、田园山地车、酒店球馆等；在享受阳光方面，可充分享用阳光大餐，体验完美组合，温泉池畔，客房超大阳台，多种形式休闲设施；在芳香水疗方面，视觉、嗅觉、味觉、听觉、触觉的感官受到冲击达到身心的绝对放松；在接待设施方面，超豪华休闲度假村，超完美产品组合，复式客房，温泉别墅，天浴村寨类型丰富。

海南珠江南田温泉根据自身资源的特征，设计出系列产品，价格构成如下：

（注：以下价格是 2007 年 5 月的价格）

按功能进行划分的产品价格体系：

表 2－3　海南三亚南田温泉价格 1

项目	时间	价格	备注
养生宝典	1.5 小时	488	温泉浴＋经络养生＋足部养生＋帝王包
御足养生	1.5 小时	428	温泉浴＋足部养生＋修脚＋足部帝王包
东方宝典	1.5 小时	538	温泉浴＋经络养生＋针灸＋帝王包
养生世家	2 小时	618	温泉浴＋经络养生＋足部养生＋火罐＋帝王包
芳香按摩	2 小时	498	温泉浴＋芳香推油＋帝王包
芳香水疗	2.5 小时	688	温泉鲜花沐浴＋芳香推油＋足部养生＋帝王包
芳香护理	2.5 小时	888	温泉鲜花沐浴＋芳香推油＋面膜＋帝王包
芳香美体	2.5 小时	998	温泉鲜花沐浴＋海藻泥裹肤（去角质）＋芳香推油＋帝王包
皇帝的感觉	3 小时	1180	温泉鲜花沐浴＋芳香推油＋香熏耳烛＋足部养生－帝王包

① 资料来源：海南豪阳温泉旅游网：http://www.hnhyit.com/article/detail_wq.asp? id＝3229

续表

项目	时间	价格	备注
皇后的感觉	3 小时	1180	温泉鲜花沐浴 + 海藻泥裹肤（去角质）+ 芳香推油 + 面膜 + 帝王包
SPA	4 小时	1998	温泉鲜花沐浴 + 身体去角质 + 海藻泥裹肤 + 芳香按摩 + 帝王包 + 香熏耳烛 + 面膜 + 眼膜 + 唇膜 + 足部养生 + 精美礼品

按温泉旅游消费者档次进行划分的产品价格体系：

表 2－4　海南三亚南田温泉价格 2

票　类	价　格	备注
温泉区普通票	168 元	特色温泉浴
温泉区套票	328 元	特色温泉浴 + 温泉按摩/45 分钟
温泉区通票	618 元	特色温泉浴 + 温泉 SPA 套票/120 分钟（海盐搓身 + 维琪浴 + 芳香推油 + 帝王包）

按向消费者提供的利益划分的产品价格体系：

表 2－5　海南三亚南田温泉价格 3

<table>
<tr><td>帝王包</td><td>188 元/套</td><td rowspan="2">中医推拿</td><td>198 元/45 分钟</td><td rowspan="6">理疗</td></tr>
<tr><td>针　灸</td><td>218 元/套</td><td>288 元/70 分钟</td></tr>
<tr><td>刮　痧</td><td>118 元/30 分钟</td><td rowspan="2">足底按摩</td><td>168 元/45 分钟</td></tr>
<tr><td>火　罐</td><td>118 元/30 分钟</td><td>268 元/70 分钟</td></tr>
<tr><td rowspan="2">温泉按摩</td><td>198 元/45 分钟</td><td rowspan="2">修　脚</td><td rowspan="2">118 元/次</td></tr>
<tr><td>288 元/70 分钟</td></tr>
<tr><td colspan="3">鲜花沐浴</td><td>188 元/次</td><td rowspan="12">水疗</td></tr>
<tr><td colspan="4">鲜花沐浴</td></tr>
<tr><td colspan="3">面膜</td><td>288 元/70 分钟</td></tr>
<tr><td colspan="4">面部清洁 + 精油按摩 + 开穴 + 去角质 + 上膜</td></tr>
<tr><td colspan="3">男士面膜</td><td>288 元/70 分钟</td></tr>
<tr><td colspan="4">面部清洁 + 精油按摩 + 开穴 + 去角质 + 上膜</td></tr>
<tr><td colspan="3">芳香推油</td><td>398 元/70 分钟</td></tr>
<tr><td colspan="4">芳香推油</td></tr>
<tr><td colspan="3">身体去角质</td><td>398 元/70 分钟</td></tr>
<tr><td colspan="4">温泉沐浴 + 去角质</td></tr>
<tr><td colspan="3">身体裹肤</td><td>398 元/70 分钟</td></tr>
<tr><td colspan="3">香熏耳烛</td><td>398 元/70 分钟</td></tr>
</table>

【案例分析】

本案例中，三亚南田温泉在产品定价策略使用中，成功地配合了企业产品策略的使用，使得企业的经营围绕合理的价格秩序而展开，在满足目标消费者需求的基础上，以合理的价格实现着企业的利润收益目标。

首先，产品的价格制定有效体现了产品的档次定位。

在温泉旅游行业的竞争中，消费水平经常被用作市场细分的有效变量。通过细分，企业在定位中，可以针对不同消费档次客人的不同需求特征体现自身的特色。而价格，便成为这种定位的集中体现。温泉旅游产品具有服务产品与生俱来的无形性特征。此外，温泉泉水的品质与疗效的无形性很难如同有形的硬件设备让客人认同。而“高价高质”、“低价低质”的认知心理却能产生相对明显的影响。因而，温泉旅游产品的价格高低可以有效体现企业的定位。

在本案例中，三亚南田温泉通过合理的价格体现出明确的中档商品定位。

下表是同处于海南的七仙岭天上人间温泉水疗价格：

SPA 价目表

身体泡浴

表 2－6　海南七仙岭天上人间温泉价格 1

椰奶花瓣浴	30 分钟	360 元
精油泡浴	30 分钟	348 元
薰衣草温泉沐浴盐浴	30 分钟	348 元

面部护理

表 2－7　海南七仙岭天上人间温泉价格 2

芳香特效补水面部护理	60 分钟	480 元
男士专项面部护理	60 分钟	450 元
青瓜蜂蜜面部护理	60 分钟	360 元
特色香薰面部护理	60 分钟	468 元

全身去角质护理

表 2-8 海南七仙岭天上人间温泉价格 3

热盐去角质护理	60 分钟	360 元
咖啡去角质护理	60 分钟	320 元
LurLur 去角质护理	60 分钟	348 元
椰子去角质护理	60 分钟	298 元

全身敷体护理

表 2-9 海南七仙岭天上人间温泉价格 4

矿物泥敷体护理	60 分钟	620 元
木瓜牛奶敷体护理	60 分钟	560 元
海藻泥敷体护理	60 分钟	598 元

按摩项目

表 2-10 海南七仙岭天上人间温泉价格 5

热石理疗护理	90 分钟	620 元
香薰按摩	60 分钟	480 元
瑞典式按摩	60 分钟	468 元
传统日式按摩	60 分钟	280 元
传统泰式按摩	60 分钟	320 元
传统中式按摩	60 分钟	260 元
传统足底反射区按摩	60 分钟	168 元

通过对比,我们发现:两家企业的定价方式都是按照时间来收费的,价位按照消费档次分别主要对应中档和高档客人的需要。例如:天上人间的身体泡浴价格有 348 元和 360 元两种,而南田温泉为 168 元;男士面膜,天上人间的价格为 450 元/60 分钟,而南田温泉为 288 元/70 分钟。

其次,产品的价格制定有效体现了产品的创新。

创新之一:数量折扣在景区门票中的合理运用。

南田温泉的景区门票分为普通票、套票和通票三种,对应的产品项目各不相同。项目越多,产品的价格越高。这是价格策略中数量折扣的一种体现。对于单个消费者,在购买数量上很难像组织机构那样进行批发。但通过项目多少的选择,游客可以享受到消费数量的折扣。这样的定价策略创新,对于中档消费者而言,无疑为他们提供了更多的优惠套餐选择,更有效地满足了中档客人的需求。

创新之二:价位档次留下了产品创新的空间。

南田温泉的价位从 200 ~ 2000 元不等,虽然主体产品的价格为行业的中档水平,但同样有高价位的商品。例如,SPA 之梦,产品的价格为 1998 元,包括的项目非常全,是精品套装中的精品。这些产品的设计,价位的选择,为日后产品线的延伸、产品的创新留下了较大的空间。温泉旅游行业的产品换代速度是非常快的,在这样的行业环境下,企业在满足主要目标客人的需求之余,要更加注重如何进行产品的创新设计。在价位上,也应该为新的产品设计留有一定的空间。

【案例二】恩平锦江温泉夏天特惠套票[①]

恩平锦江温泉推出清凉一夏特惠套票,为自驾车与自由行游客量身定做的夏季避暑休闲旅游线路如下:

A 线路　锦江温泉 + 闸坡大角湾 原价 385 元/人,特惠价 250 元/人

温泉 + 碧海银滩 = 晚上夜泡温泉 + 白天海滩冲浪

(锦江温泉四星级宾馆标准双人住房、无限次泡温泉、早餐、果园摘果和阳江闸坡大角湾滨海名胜区的天然海水浴场)

B 线路　锦江温泉 + 开平碉楼 · 立园 原价 445 元/人,特惠价 270 元/人

温泉 + 世界文化遗产 = 夜晚泡温泉 + 白天品味侨乡文化

(锦江温泉四星级宾馆标准双人住房、无限次泡温泉、早餐、果园摘果和开平碉楼 · 立园欣赏世界文化遗产与岭南“华侨园林”一绝)

C 线路　锦江温泉 + 峡谷漂流 原价 523 元/人 特惠价 270 元/人

温泉 + 生态游 = 晚上夜泡温泉 + 白天峡谷激情漂流

(锦江温泉四星级宾馆标准双人住房、无限次泡温泉、早餐、果园摘果和峡谷生态激情游)

特惠套票有效期至 2011 年 9 月 28 日(国家法定长假除外)。

---

① 资料来源:恩平锦江温泉官方网站 http://www.jjwq.com/News_View.asp? NewsID = 222

【案例分析】

1. 一般来说夏季是温泉旅游市场的淡季。由于温泉旅游市场的需求存在季节性变化的趋势,因此在制定温泉旅游产品价格时要考虑季节性因素,适时进行价格的调整。案例中将温泉旅游产品和夏季热销旅游产品捆绑销售,制定优惠价格,刺激夏季温泉消费,创造温泉旅游区淡季不淡的成功营销模式。

2. 温泉旅游产品价格的制定,应保持相对的连贯性和稳定性,切忌大起大落,因为频繁调价会给温泉旅游者造成价格不稳定的印象,引起他们对所制定的产品价格的不满情绪。恩平锦江采取产品组合的方式,制定不同的优惠套餐,实施变相降价以及限时供应,使得即使到了温泉旅游旺季,旅游者对于价格回升也不会产生强烈的不满情绪。

3. 温泉旅游产品价格的制定要有相对灵活性,这是由于旅游需求的易变性,旅游产品的可替代性、不可贮存性以及季节性等特点所决定的。案例中将温泉与当地不同的旅游产品进行组合,产生新的旅游产品进行销售,满足不同游客的需求。还可以根据游客的需求,进行适时的调整,为下一个温泉旅游淡季到来时的温泉产品促销提供依据,制定出更加符合市场需求的产品组合。

【案例三】从化碧水湾温泉大优惠①

阳春三月,春花烂漫,万物复苏,正是出游泡汤好时节,从化碧水湾温泉推出优惠措施:

优惠一:全月女士(成人)泡温泉可赠送一份精致亮妆面膜,三月八日妇女节当天生日的女士温泉门票免费;

优惠二:

(1)健康美丽套票——平日 138 元/人,周末 158 元/人(仅限女士团)(含 138 元的温泉门票和 50 元代金券及价值 12 元的精致亮妆面膜)。

(2)森林海养生泉套票——128 元/人(仅限团队使用)(含 138 元的碧水湾温泉票和 30 元流溪河国家森林公园门票以及价值 12 元的精致亮妆面膜)。

优惠三:

休闲观光套餐——平日 828 元/间,周末 958 元/间。

含:①价值 1080 元的园景双人房;②价值 78 元/人自助早餐;③价值 276 元/人的两次温泉门票;④30 元/人森林公园门票。

---

① 资料来源:碧水湾温泉度假村官方网站 http://www.bishuiwan.com/news_detail/newsId = 3f7a6451 - 4b1f - 413c - 89bc - 81bab87f13ef.html

【案例分析】

在温泉旅游产品基本价格制定以后，还可以推出数量折扣，功能折扣，时间折扣，现金折扣，促销折扣等浮动定价。从化碧水湾温泉推出各种优惠套餐，其中一个最大的特点就是周末价比平时价高，这样可以分流旅游者，方便在周末之外的其他时间有闲暇的旅游者前来旅游，避免形成平时没人、周末人挤人的现象，尽量让每位旅游者都能享受到周到的服务，使得温泉旅游得到可持续健康发展。

【思考与讨论】

1. 你认为价格策略在温泉产品的营销中能起到什么样的作用？

2. 作为温泉企业的经营者是否需要密切关注竞争对手的价格变化？是否需要及时回应？在回应的时候应注意哪些问题？

3. 分析你所熟悉的温泉产品的价格。（是否合理，可否改进）

四、品牌塑造

【案例一】御温泉坚定而清晰的品牌塑造之路

2003年，珠海御温泉获得中国首批旅游知名品牌与知名企业的荣誉称号，是温泉旅游行业里唯一的一家。在国家权威评估部门2003年上半年的评定中，御温泉的品牌价值达六亿多元人民币。2004年12月25日，在首届中国品牌大会上，御温泉又荣获两项最高诚信品牌称号——“中国温泉旅游产业的开创者”和“中国十大最具影响力品牌”，御温泉的品牌建设得到了社会的普遍认可。

发展伊始，香港御温泉国际度假酒店管理（集团）有限公司便将品牌塑造作为经营的重点，认为品牌是企业竞争力的核心，是诚信的载体，是最有价值的资产。围绕御温泉品牌的建设，企业在经营过程中主要做了以下工作：

其一，明确品牌定位，创建品牌个性。

1993年，御温泉开始策划、建设，正式落户珠海斗门。当时国内尚无温泉旅游市场，大众消费者极少有机会接触温泉。自古以来，中国温泉留给人的印象是达官显贵专享“神水”。因而，在产品的设计规划过程中，秉持着做中国最正宗温泉的态度，御温泉概括出清晰的品牌定位——“以御字为核心的养生休闲”。即旅游者以体验温泉、感悟温泉文化为主题，达到养生休闲的度假目的，收获健康与美丽。

在明确的品牌定位基础之上，御温泉提炼了品牌个性——盛唐新风、尊贵独有；设计了品牌标识——龙形墨宝（“御”为唐太宗所书写）；选取了品牌广告语——纯正温泉，纯粹中国。在品牌设计基础上，御温泉开展了连续有效的品牌传播工作，主要包括：制作形象宣传片；在《中国旅游报》独家开辟温泉旅游专版，并一直负责版面内容编辑，以引导行业的健康发展；积极支持御温泉品牌案例研发报告《御温泉的东方魅力——中国温泉旅游产业开创者探秘》一书的创作；等等，以扩大御温泉的品牌效应。

御温泉“御”品牌的载体是中华“御泉道”，中华“御泉道”融合了中国传统沐浴文化特色，结合现代沐浴观念，将养生与健康的生活方式融入其中。中华御泉道是就泡温泉的艺术和境界而言，是指泡泉过程中所贯穿的精神，道式是“御泉道”最重要的组成部分，即泡温泉的艺术和其中所体现的心理修养的法则。

品牌的创建是项长期工程，在品牌的创建过程中，御温泉非常关注“感情化”服务，提出客人不是上帝而是皇帝的服务理念，由此延伸出一套御式服务的保障系统，在一线员工的对客服务中以无微不至的创新服务体现“御”品牌的特色，以顾客的满意和感动为基础，提高品牌的美誉度。

在品牌的经营中，御温泉的经营理念是“把简单的事情复杂化”，给看似简单的东西赋予文化的内涵、艺术的品位，从而提升产品的价值，体现“御”式尊贵。以“温泉道”的沐浴文化，“养生休闲的温泉”、“心灵升华的温泉”传递品牌价值。

其二，形成品牌模式，进行品牌输出。

从2002年起，在短短的三年时间内，通过御温泉国际度假酒店管理（集团）有限公司，御温泉在湖南张家界（以信任委托、全权管理的形式）、在河北石家庄（御温泉品牌无形资产作价入股）、陕西华山（控股合作）输出御温泉品牌模式并取得了初步的成功。

在御温泉的品牌输出中，建立了一整套科学的温泉资源开发方法，坚持因地制宜、有所侧重、创新特色、有效开发。例如在华山御温泉项目中，御温泉专家们就针对地质环境、温泉水资源、客源地市场、交通网络、地方物产、风俗文化等十多个项目进行了二十多次的系统考察。总结出了水质优势、水量优势、土地优势、环境优势、交通优势、客源优势、旅游文化优势、温泉文化优势等八大优势，从优势出发进行项目规划和产品设计，打造标志性产品，重点突出温泉文化体验和温泉养生服务。

其三，实时品牌维护，促进品牌升级。

御温泉在品牌的维护中，除了通过商标和法律手段保护品牌外，还积极通过温泉资源的科学保护以及人力资源的有效管理维护自身品牌。

御温泉始终以可持续发展的理念科学指导温泉资源的开发利用。御温泉属于含有丰富矿物质的天然自涌温泉，主要泉眼有两处，另有几处散露出水孔。为了保护温泉资源的再生补给环境，御温泉并没有按原有计划在温泉旁直接建设度假村，而是投入巨资，封闭了其中一处主泉眼和其他散露出水孔，修建1公里多的引水管道，将温泉水引至新址。御温泉十分看好未来温泉旅游产业的发展，所以一开始就只按可采量的三分之一来采取，以确保水质水温的长期稳定和资源的细水长流。

御温泉始终认为企业的人才是“拿不走优势”的重要来源。在选拔和使用人才方面，御温泉的标准并不是学历和经验，而是员工与岗位的适配性，公司会努力为员工选择一个最适合的工作岗位；在培训员工方面，御温泉提供全部职业生涯培训，通过与校企合作的大专班、本科班的合作以及自己成立的培训教育机构——御温泉国际“大学院”和春晖职业技术培训学校，企业建立的十五年中向行业输送和培养了近一万三千名各级温泉员工，被业内称为中国温泉行业的“黄埔军校”。

品牌升级是促进品牌不断发展的需要。御温泉创立品牌至今，品牌内涵不断升华，“爱温泉，爱生活”是现在的御温泉品牌内涵所在。“纯正温泉、纯粹中国”、“爱生活、爱温泉”这些都是御温泉的品牌历程。

【案例分析】

珠海御温泉在经营中，始终非常注重品牌的塑造，从本案例中所列举的珠海御温泉所获荣誉及无形资产评估结果来看，在温泉旅游行业，御温泉在国内的领先地位已初步形成。对御温泉国际度假酒店管理（集团）有限公司而言，其品牌已体现出增值、竞争、促销和内聚的功能。这一品牌的成功塑造，主要得益于以下几个方面：

其一，成功的品牌定位。

御温泉的品牌非常清晰——以御字为核心的养生休闲。

这一定位的成功首先体现在符合了我国温泉旅游消费者现实及潜在的消费特征。

随着我国经济社会的不断发展，我国旅游业进入了休闲消费阶段。休闲从本质上可理解为一种时间的分配，当人们将旅游作为生活方式的一个构成部分之后，将更加注重旅游的休闲功能。因而在温泉旅游的消费中，人们对于文化体验的需求越来越突出。这样使温泉旅游消费体现出注重文化体验、个性化突出的特征。根据美国温泉协会的调查，温泉旅游动机排在前三位的是：减压、放松、感觉更好。御温泉的品牌定位突出了养生的特色、体现了“御”文化，很好地迎合了这一趋势。

其次这一定位的成功体现在引领了行业的发展。

我国的温泉开发经历了“疗养—保养—休养—休闲—娱乐”的历史阶段，西欧温泉疗养的发展遵循“疗养、洗浴—保养、休闲—综合温泉度假观光”的历史轨迹。从各个时期温泉发展的内在动力来看，温泉开发市场均需要开发商具有规模优势和提供差异性温泉服务产品的能力。御温泉充分利用企业已有实力，通过较大手笔的投入，以个性化品牌开发建立起其业内优势，引领了我国温泉行业进入休闲娱乐阶段，后向综合性度假观光转型，有效实现了领先定位。

其二，有效的品牌维护。

旅游行业的服务性特征决定了品牌的维护一定不能离开人，即顾客与企业员工。对员工的内部营销方面，御温泉的特色在于培训；对顾客的外部营销方面，御温泉的特色在于资源的保护性开发。这两方面都是与其品牌的维护息息相关的。

对员工的培训使其能更好地胜任自身工作，拥有更通畅的职业发展道路，这样对员工的工作效率才能产生持久的正面影响，从而有效体现出温泉的品牌定位特色。

虽然开发中更加强调文化的特色，但温泉资源无疑是温泉旅游业发展的前提和基础，只有实行合理开发利用和保护，才能符合顾客的长远利益，有效维护企业自身的品牌。

其三，积极的品牌使用。

品牌的价值通过延伸及扩张可以更好地予以体现。在御温泉的经营过程中，积极地促成了御温泉品牌在温泉行业的延伸。在控制品牌延伸风险基础之上，一方面获取了品牌输出的收益，同时另一方面通过品牌延伸更好地为规模经营提供了良好的基础。

在御温泉坚定而清晰的品牌塑造之路上，品牌创建成功后，更重要的是如何使用与维护。在此基础之上，随着消费者需求特征与竞争环境的变化以及品牌扩张中的本土化，品牌的创新将成为御温泉品牌塑造之路上另一个亮点。

【案例二】云南腾冲火山热海旅游区荣获“中国温泉朝圣地”殊荣①

2010 年 8 月 7 日，第四届中国品牌节在北京人民大会堂隆重开幕。经过本届中国品牌节合作单位中国温泉在线的专家组的推荐，云南腾冲火山热海旅游区作为全国温泉知名品牌企业的代表参加本届中国品牌节，并被评为“中国温泉朝圣地”。

云南腾冲火山热海旅游区是国家 AAAA 级风景名胜区、国家地质公园、云南省八大省级旅游度假区之一，景区青山环抱，景点错落分布，以丰富的地热景观、独特的地质特征，早在明清时期就享有“一弘热海”之盛誉，是腾越十二景之一，素有“天然地热博物馆”的美称，其显著特征为喷气孔、冒气孔、冒气地面、热沸泉、热喷泉、热水泉、热水喷爆等地热景观，有极高的观赏价值和科考价值，同时还有疗养治病的神奇功效。景点主要有沸水翻滚、汽浪蒸腾的“大滚锅”，有喷珠吐玉的“珍珠泉”，有神奇妙方美称的“怀胎井”，有栩栩如生的“蛤蟆吐水”、“热龙戏珠”、“雄狮尽职”等二十多个世界少见、国内仅有的奇珍异泉。热海不仅风景独特迷人，而且热能源开发方面也有非常广阔的前景。今天的热海，已成为一个集旅游观光、休闲度假、康体理疗于一身的综合性景区，享誉海内外。“中国温泉朝圣地”殊荣花落腾冲，是对腾冲火山热海旅游区将温泉旅游资源的科学保护与合理开发相结合的经营理念的认可，也是对中国温泉旅游新兴行业的鼓励和鞭策，为明天更多的中国温泉旅游品牌树立榜样，让中国温泉旅游的品牌走出国门，走向世界。

【案例分析】

有人说过，“没有品牌，企业就没有灵魂；没有品牌，企业就失去生命力。”对于温泉地品牌的塑造，有助于温泉经营者进行产品的介绍和促销，有助于温泉企业培育回头客进而提高消费者的忠诚度。另外，温泉地品牌的塑造，也有助于消费者识

---

① 资料来源：腾冲火山热海旅游区官方网站 http://www.chinaspa.cn/index.html

别、选择和评价不同的温泉企业产品。

1. 正确的品牌定位

腾冲地热资源丰富，是地质学家科学考察地质地貌的重要地区，现有国内仅有的各种奇珍异泉，有多姿多彩的少数民族风情，可以将腾冲温泉定位为“中国温泉的朝圣地”，可以将腾冲温泉与中国其他温泉品牌做出区分，体现其特色。

2. 设计与品牌名称和内涵一致的品牌标志

图 2-3　腾冲火山热海景区标志

该温泉旅游区的标志，充分体现了其温泉的特点——火山温泉，让游客联想到火山、沸泉等奇异景观。

3. 综合各种因素，赋予品牌独特内涵

赋予品牌内涵就需要采取品牌联想策略，即创造品牌故事、设计灵魂人物、借助有名望的消费者、迎合消费者心理。腾冲是汉文化影响的边缘区，汉文化与少数民族文化的结合、东南亚文化的碰撞结合、商贾文化与翡翠文化相结合、顽强拼搏的抗战文化、源远流长的侨文化、历经沧桑的丝路文化、乡土味极浓的饮食文化等独具的文化特色，赋予了腾冲特有的文化内涵和品牌内涵。

4. 通过品牌内涵的营销沟通唤起消费者对品牌的注意，促使其购买行为的产生

现代旅游者不光对旅游景区物化旅游产品要求很高，对其赋有的文化层次要求也颇高。温泉旅游的开发实质上是“借助自然资源，挖掘人文资源，创造市场资源”。（《旅游业态创新与新商机》魏小安 P183）

腾冲温泉以其特有的火山热海、少数民族风情为基础资源，挖掘其文化特色，吸引国内外旅游者前来体验西南少数民族地区特有的温泉文化。

【思考与讨论】

1. 品牌在现代的温泉企业竞争中的价值体现在哪些方面？
2. 如何塑造企业的品牌？

五、宣传推广

【案例一】海泉湾自然资源的宣传推广①

2002 年 4 月 18 日，香港中旅国际投资有限公司与珠海市政府签订开发协议，成立了港中旅（珠海）海洋温泉有限公司，第一期投资 22 亿元，依托稀缺珍贵资源，利用海洋温泉建成温泉中心、度假（会议）酒店、主题乐园等项目。自 2006 年 1 月 22 日向游客开放以来，接待游客 420 多万人次，在珠海市景区旅游收入中占有 58% 的份额，成为国内休闲度假类产品的楷模。

组织发现美的公关活动——摄影大赛

由《南方都市报》及广东省青年摄影家协会、网易旅游频道、网易摄友频道等协办，海泉湾度假城在 2006 年主办了“浪漫海泉湾摄影大赛”。

赛事的组织安排情况通过各种途径予以宣传，并设计了专门的网页：http://www.oceanspring.com.cn/OceanSpring/osr/pin.htm，以方便参赛者通过网络上传自己的参赛作品。网站还专门设置了品牌介绍栏目，对海泉湾品牌进行介绍，以期为参赛者提供相关的创作背景资料。

活动策划中的宣传语设计如下：

一次华丽的旅行
漫步，在这充满地中海气息的海岸
奔跑，清风飘过白云下的金色宫殿
你 我
或置身海底深处最温柔的拥抱
或把笑声抛入极速的云霄飞车
或看窗外或明或暗的渔火
每一刻变换的风景
如这片蓝色之城的夜
那一刻的感动
请用您的镜头来记录
这里的美 等待你
感受的眼睛

① 资料来源：海泉湾度假城网页新闻动态专栏 http://www.oceanspring.com.cn/OceanSpring/osr/news.htm

活动的组织

活动的评选方式设计如下：

摄影大赛的作品都将统一寄给北京纽约摄影学院中国班的优秀导师、中国摄影家协会会员们，于9月上旬对征集到的扩印类作品进行评选，评出一、二、三等奖和优秀奖作品26幅；网络最佳人气奖由公众网上投票打分决定；扩印类作品和网络类作品可重复获奖。

获奖作品将在主办单位的网页和《南方都市报》及网易摄友频道上公布，并由主办单位放大制作，于9月下旬进行海泉湾杯摄影比赛作品展览。展览开幕式上将举行获奖作品颁奖仪式，具体日期另行通知。

聚焦展示美的公关活动——2006南方新丝路模特大赛

创始于1989年的新丝路中国模特大赛，开创了中国模特业的历史先河，经过十几年的风雨发展历程，新丝路中国模特大赛在成功举办多届之后，推出了数十位享誉海内外的超级名模，例如叶继红、马艳丽、姜培琳、王敏、陈娟红、瞿颖、谢东娜、岳梅、王海珍、于娜、甄妮、胡兵、崔宗利、赵京南、张信哲等，发现并培养了一批批中国自己的模特新星，成为我国造就模特的摇篮之一。

2006年8月13日，南方新丝路模特大赛总决赛在珠海海泉湾举行，海泉湾为参加决赛的二十八位美女提供了华丽的舞台，为观众奉献了一场视觉的盛宴。

在比赛的现场，模特们伴随着美人鱼翩翩起舞，经历着现场四个环节的严格考验，遴选出快乐俏佳人和前卫酷美女。最后一个环节中，模特选手们身着晚装幽雅起舞，一举手一投足间透着高贵气质，而最终的赢家也捧得了大奖。

比赛的内容与海泉湾的环境和谐地融为一体，当人们的注意力由模特身上移开后，发现对海泉湾的印象也更加深刻了。

【案例分析】

海泉湾度假区开业至2007年6月，共接待游客四百二十万人次，在珠海市景区旅游收入中占有58%的份额，发挥了行业主力军和龙头的作用。2006年9月海泉湾被纳入全国旅游假日预报系统，在此系统中，海泉湾是唯一的一家人造主题度假区。2007年3月，国家旅游局委派专家专程赴珠海调研，并以国家旅游局的名义为海泉湾定论：珠海海泉湾度假区在项目种类、管理水平、经营效益、诚信经营、未来发展、服务水平、对周边地区经济的拉动作用等方面走在全国前列，在休闲度假类旅游产品中发挥了示范作用，为此，授予港中旅（珠海）海泉湾度假区"国家旅游休闲度假示范区"的称号。

由中国旅游业最为权威的管理机构——国家旅游局给出的评论自然会对海泉

湾的宣传推广产生积极影响。获得相关政府部门的正面评价首先必须具备应有的实力，但这并不充分，企业自身还必须有意识地进行经营管理，即展开相应的公共关系活动。目前，我国旅游企业的宣传推广投入整体偏低，而在已有的投入中，大部分投入均用于广告宣传。

温泉旅游产品具有明显的无形性特征，在宣传中，企业能够有形化的大多是经营所依托的硬件设施。这些宣传对消费者知晓、了解产品会产生一定的影响，但对于消费者喜爱、信赖、实际购买产品的影响程度有限。旅游产品还具有明显的生产与消费同时性的特征，消费者对于期望产品和现实产品之间的差距有着悲观的心理预期，对于制作精美的广告、技巧十足的推销员、各种销售促进有一定的排斥心理。这些使得在温泉旅游产品的宣传推广中，公共关系的重要性更为明显。首先，在目前竞争水平较低的温泉旅游行业，政府的评价对旅游消费者具有非常重要的意义；其次，口碑是消费购买决策的重要影响因素，企业的口碑对企业的宣传推广将产生非常大的影响；最后，在无形性的特征影响下，企业的品牌对消费者的选择也会产生明显的影响。这些都与企业的公关活动紧密结合在一起。

在宣传推广工作中，海泉湾度假区对于公共关系给予了充分的重视，其公关策略有着以下成功之处：

首先，成功地结合了产品的生命周期。案例中海泉湾处于产品生命周期的导入期，在这一阶段，宣传推广工作的重点是推介产品，提高产品的知晓度，树立企业良好的信誉。“浪漫海泉湾摄影大赛”的策划实现了两方面的目的。一方面通过活动的策划，让消费者更多地关注和了解了海泉湾；另一方面通过摄影爱好者的参与，从消费者的视角揭示了海泉湾美妙的一面。策划的这一活动可谓是在产品生命周期初期一箭双雕的有效推广。

其次，充分地切合了产品的目标市场。时尚的青年一族无疑是海泉湾的主要客源市场之一。2006 年南方新丝路模特大赛是一个收视率非常高的节目，更为重要的是，这一节目能够吸引青年时尚一族的注意力，通过对模特大赛活动的关注，目标客源市场对海泉湾的形象认知得以加强。

最后，紧密地结合着企业的特色。这两项活动的策划都是围绕“美丽”而展开的，这与海泉湾的特色和主题无疑是一致的。许多旅游企业在公关活动的策划中，选择的主题成功满足了对新闻价值的要求，但主题可能与企业的特色关联不大，甚至可能会冲淡企业的定位。这样往往不能实现公关效益的最大化。

在海泉湾度假区产品导入期工作结束之后，在公关活动的策划中，必然更加注重公益性活动的策划以及交际型和服务型公关活动的展开，通过促销手段中公关效益的充分发挥，实现企业的有效宣传推广。

【案例二】西海温泉产品推介会[①]

2011年2月23日上午，西海温泉针对西海特色产品及三八美人节活动方案对南昌各大旅行社精英进行规模培训，并现场考卷测试。对西海的温泉品质、温泉项目、五星标准豪华客房、豪华公寓、私享家360°景观别墅、中西式餐厅、湖畔烧烤、国际射击打靶俱乐部、会议室、娱乐设施、周边景点等进行一一解说。西海温泉总经理助理兼市场营销部经理朱世敏女士对三八美人节活动方案进行了详细阐述，并指导现场测试。

中午，各大旅行社于西海温泉假日酒店中餐厅西海轩体验团餐，丰盛可口的美味菜肴赢得各大旅行社精英的一致好评。随后，朱世敏亲自带领各大旅行社代表实地参观西海温泉特色产品、五星标准豪华客房、各大会议室等。尤其是西海温泉泉眼的参观，让各大旅行社的代表赞叹不绝。超大蓄水池的参观，天然优质温泉自然水温的亲身体验，验证了西海温泉品质的真实性与可靠性。温泉开采证书的展示与江西省唯一一家买断温泉开采权的事实，是最具力度与权威的证明。

体验温泉时间，实地验证培训等推介活动，以丰富的项目、优雅的泡浴环境让大家意犹未尽而依依不舍地离开。

【案例分析】

温泉旅游企业向相关行业以招待会的形式推荐新产品，强调个人交流和融洽的氛围，同时也可以让温泉经营者从旅游产品销售商(各大旅行社)那里获得市场反馈一手资料。这是旅游公共关系的一个重要方式。

需要注意的是，成功的演示需要配以图像、活动挂图、幻灯片、电影等演示常用的辅助资料。温泉旅游的独特性，需要销售商泡在温泉池中，体验其温泉的妙处，这也是温泉旅游企业演示不同于其他旅游产品推广演示的区别之一，温泉演示必须要身临其境才行。

【案例三】凤凰温泉试营业门票买一送一[②]

5月1日，凤凰温泉浴城正式进入试营业阶段。试营业当天，共接待来自湖北、湖南、广东等各地游客2000多人次。

凤凰温泉位于襄城区卧龙镇，离主城区仅15分钟车程。景区设有五星酒店海参坊、温泉浴城、休闲汤都、网球中心、拓展训练基地、古商业街等，是集休闲、养生、

---

① 资料来源：九江新闻网 http://www.jjxw.cn/1081/2011/03/04/601@1405245.htm

② 资料来源：2011年5月2日 楚天都市报

度假、旅游、怀古、参禅等多功能于一身的高端度假中心。在这里,可以享受森林氧吧,接受天地灵气,汲取宇宙能量,夜晚观星,聆听大自然音乐剧场。

据介绍,试营业期间推出了各项活动。本月内,购门票送门票,买一送一;全市劳动模范、教师、出租车司机、导游凭身份证可免费泡温泉;1.4 米以下的儿童在父母带领下可免费泡温泉;参加凤凰温泉 5 人泡泉冲浪家庭欢乐游,送全家福大瀑布经典水晶巨照。

【案例分析】

一个新的温泉旅游地,想要吸引市场的注意,必须要采取促销的方式。促销是以树立品牌忠诚度、增加产品的价值为总体目标,其一系列促销活动都是为了吸引消费者的注意。许多促销技巧是以价格为中心,主要吸引对价格敏感的消费者。

案例中凤凰温泉采取门票买一送一的促销手段,主要是为了让消费者了解这一新的温泉旅游地。因为温泉旅游是一种体验旅游,旅游者只有置身其中,试用之后,才能真正感受到产品的好坏。凤凰旅游区采取这种促销策略,比常规的广告宣传所收到的推广效益要大得多。

不仅对普通游客优惠,还对出租车司机、导游免费开放,也是温泉旅游企业开展公共关系的一种方式。导游员是旅游者了解旅游产品的媒介,如果导游对这一旅游产品加以认可,在平常的旅游服务过程中,将该温泉产品介绍给旅游者,这将为企业节省一大笔人员推销的费用。可以说是一举两得的美事。出租车司机也一样。

【思考与讨论】

1. 上述案例中对温泉旅游产品的促销给你带来哪些启示?
2. 思考其他更有创意的促销方案。

第三部分 管理篇

温泉

旅游理论、实践与案例研究

RESEARCH ON THEORY、PRATICE AND CASE OF HOT SPRING TOURISM

【背景知识】

温泉旅游管理是以现代管理学作为基础，综合运用多种学科知识来研究温泉服务与管理的特点及其规律的一门科学。只有认识并运用管理学的客观规律，才能对现代温泉旅游企业的运作实施科学而有效的管理。21世纪是知识经济时代，任何企业都将面临着经济全球化、互联网技术迅猛发展，顾客需求多样化、个性化的市场发展趋势，温泉企业亦不例外。

现代温泉旅游企业应该遵循的管理原则有：动态管理原则、精细化管理原则、专业化管理原则、人性化管理原则等。其中温泉企业的服务特征决定了人性化管理原则在温泉企业中的核心地位。

一个好的温泉经营者必须明确温泉旅游管理的主要内容，才能够在日常管理事务中抓住关键，成功管理好现代温泉企业。温泉经营管理主要包括以下内容。

1. 人力资源管理

温泉企业的一切活动都离不开人。如何开发人力资源、调动员工的积极性、为温泉旅游者提供良好的服务，是温泉企业经营管理的重要内容之一。因此，温泉管理者应当明确人力资源管理的重要性，掌握人力资源管理中的员工招聘、培训、员工考核、员工激励等内容和方法等。

2. 采购管理

采购管理是企业为了完成生产或销售计划，从合适的供应商那里，在确保合适的品质下，在合适的时间，以合适的价格，购入合适数量的商品所采取的管理活动。采购管理为温泉旅游企业创造价值、长远发展奠定了基础。

3. 企业文化管理

企业文化管理是指企业文化的梳理、凝练、深植、提升。优秀的企业文化，能够带动员工树立与企业一致的目标，并在个人奋斗的过程中与企业目标保持步调一致，能为员工营造一种积极的工作氛围、建立共享的价值观念和管理机制，从而产生鼓励积极创造的工作环境，也会对企业的绩效产生强大的推动作用。

4. 服务质量管理

服务质量是温泉企业在竞争中致胜的法宝。服务产品质量的内涵与有形产品质量的内涵有所区别，温泉消费者对服务质量的评价不仅要考虑服务的结果，而且要涉及服务的过程。服务质量应被消费者所识别，消费者认可才是质量的。服务质量的构成要素、形成过程、考核依据、评价标准均有别于有形产品。

5. 安全管理

旅游安全是旅游经济稳定运行的重要保障，是影响旅游业持续发展的核心要素。对旅游企业来说，旅游者的生命及财产安全是企业正常运转的基础。当前，随着旅游活动规模的急剧扩大，尤其是在黄金周等重大节日期间，由于旅游设施、从业人员均处于超负荷运转状态，旅游安全事故更是频繁发生，因而对旅游接待企业来说，重视并加强安全管理尤为重要。

6. 温泉水卫生管理

温泉水是温泉企业正常运营的生命线，温泉水的卫生管理就是温泉企业管理活动中的重中之重。日本、韩国等温泉旅游发展成熟的国家，温泉水卫生管理已经受到了社会广泛的重视。我国温泉旅游产业刚刚起步，相关的法规、标准还很不健全，我们必须做到未雨绸缪，上至国家的宏观监管下到企业的日常控制都应该对温泉水的卫生做到高度重视。

7. 投诉管理

顾客投诉是每一个温泉旅游企业都可能面对的问题，因为再细致的管理都不可能完全避免服务失误，而由此带来的不满就可能引起客人的投诉。如果对顾客投诉处理不当，不仅会降低客人的满意度，致使顾客流失，更会对温泉企业造成不良的口碑效应，从而影响温泉企业的健康发展。要有效规避顾客投诉风险关键在于温泉企业能够系统地、规范地对顾客投诉进行管理。

8. 标准化管理

企业标准化是企业组织现代化生产、进行科学管理的重要手段之一。企业的生命在于质量，质量的保证在于科学管理，而科学管理的一个重要内容和方法就是标准化。一个产业的成熟度取决于其标准化的程度，我国的温泉旅游产业刚刚起步，但发展迅速，在这一过程中难免会出现问题，因而从行业规范和消费者权益的角度应该尽快对温泉开发与经营进行标准化的认证与管理。

9. 战略管理

面临着温泉旅游市场竞争日趋激烈的现状，温泉企业应在客观分析外部市场的变化和自身实力的基础上，制定出一套适合本企业运营与发展的长远规划与指导方针，集中自身优势，将有限资源运用在最重要的方面，并将此纳入企业运作的全过程。

10. 危机管理

危机管理是指企业为避免或者减轻危机所带来的严重损害和威胁，有组织、有计划地学习、制定和实施一系列管理措施和因应策略的管理活动。温泉企业在经营温泉产品的同时，应该着力避免危机事件、突发事件发生，而当真正出现问题的时候，也不应该回避问题，而是积极地寻求妥善处理问题的方法，减少不利影响甚至化不利为有利。

11. 餐饮管理

餐饮管理是指利用资源、运用管理来从事餐饮产品生产和销售服务活动，获得优良经济效益,满足社会需要的一种劳动方式。餐饮部是温泉企业最重要的利润来源,所以餐饮管理水平的优劣直接决定了温泉企业的效益和成长。

12. 预订管理

随着互联网的迅速普及,温泉企业的预订管理面临着重大的机遇和挑战,能够充分利用新技术进行销售的温泉企业将在市场竞争中取得有利的位置。

下面我们将从上述十二个温泉企业在管理方面可能会面临的问题入手,结合相关案例及理论,进行深入的探讨,并提出解决相关问题的思路和要点。

一、人力资源管理

【案例】广东从化温泉从业人员管理对策

1. 背景简介

从化温泉位于广州北部约 75 千米处，又名流溪河温泉，是闻名海内外的风景区与疗养胜地，而且，经广东省政府批准，已在此设立省级旅游度假区。以水质好、水温高、泉景佳为著的从化温泉被人们称为“岭南第一泉”。

现在的从化温泉旅游度假区占地近 30 平方千米，由河东与河西两部分组成。从化温泉拥有泉眼十多处，股股热泉被人们引入住地房宅之内，供人淋浴使用。除此之外，景区内起伏的山峦，以及点缀于山野林间的楼台、亭阁、廊坊都给人以美感。众多的自然景观与人文胜迹，如香粉瀑、飞虹瀑、白大瀑、聚贤亭、玉宇亭等，以及射击、狩猎、烧烤、快艇、游湖等娱乐项目，成了游人关注的焦点。度假区内除了各种温泉疗养设施外，还集食、住、行、购、娱、游于一身，是一处多功能型的休闲度假场所。

从化温泉的闻名之处，不仅在于它奔涌于明山秀水之间，还在于它具有其他温泉少见的温沙浴。在流溪河的两岸，散布着一堆堆温软的细沙。人们可以随意在温沙里挖出一个“澡盆”，泉水便从沙底汩汩喷出。躺在“澡盆”里，若嫌太烫，不妨就地从河里放入一些凉水，冷热可各取所需，方便之极。

2. 面临问题

随着从化温泉的不断发展壮大，其员工的数量也在不断地增加，但随之而来的却是人员管理的诸多问题。如此庞大的员工队伍，如何才能形成最佳的员工组合，提高员工的服务效率及服务质量？如何才能建立起企业所急需的高素质的员工队伍以提高顾客对企业服务的满意度？员工每天面对的都是相同的工作，一个月，一年，甚至两三年还能够坚持住在此岗位有效工作，但时间长了呢？会不会不再安心工作，不再乐于在此工作？这就要求企业在如何调动员工的工作积极性上做文章。企业还面临着如何保持员工对企业满意度及忠诚度的问题。此外，企业如何才能更好、更合理地管理与激励员工为企业服务？这些都是从化温泉企业所要解决的问题。

【相关知识】

合理开发温泉企业人力资源及相关管理工作是温泉企业经营管理中非常重要的内容，其目的是为了满足企业内各部门的用人需要和实现企业的可持续发展。

温泉旅游度假区需要在员工录用、调配、奖惩、考核、培训等方面进行全面的人力资源管理工作。

人力资源管理是指运用现代化的科学方法，对与一定物力相结合的人力进行合理的组织、培训和调配，使人力、物力经常保持最佳比例，同时对人的思想、心理和行为进行恰当的诱导、控制和协调，充分发挥人的主观能动性，使人尽其才、事得其人、人事相宜，以实现组织的目标。

温泉企业人力资源管理的职权分配如下：总经理负责制定企业人力资源的总体安排及重要人力资源报告的审批；人力资源部负责制订企业人力调配、劳动工资、安全生产和员工福利等工作计划并具体组织实施，负责组织对培训需求的调查、培训计划的制订以及培训的组织实施和培训效果的评估；各部门负责处理本部门职权范围内的人力资源工作。

温泉企业人力资源的管理工作一般由人力资源部（有的称为人事培训部）与其他业务部门共同负责。这两者的关系是：其他业务部门负责本部门人力资源管理的日常工作，人力资源部则对其他业务部门的人力资源管理工作提供服务、指导、监督和考核。

人力资源部是负责温泉企业人力资源管理的专门部门，直接对总经理负责。人力资源部的主要工作如下：

（1）协助总经理制定、掌握、控制各部门定员和定编；

（2）根据工作需要，协同各部门进行员工招聘，为各部门提供各类员工；

（3）对企业各部门员工的余缺进行调配；

（4）协同各部门对员工进行入职培训和适当的在岗培训，以提高员工素质和实际工作技能；

（5）记录员工个人资料并进行存档管理；

（6）统一管理和调整全体员工的薪酬，实施对员工的考评；

（7）为员工办理各种有关人事手续和证件，包括入职、离职和调动。

【案例分析】

针对上述提到的广东从化温泉存在的企业人员管理方面的问题，从化温泉企业的人力资源部针对本企业的实际情况，制订了以下几种解决方案。

1. 制定本企业人员计划

首先，根据从化温泉企业的组织结构和未来的经营发展趋势，对企业人员需求进行有效的预测；

其次，在仔细分析企业内外人员的供应情况的基础上，对企业进行合理的人员供应预测；

再次，在综合分析企业需求预测和供应预测的情况下，合理确定企业对人员的实际需求；

最后，经过多方面的分析、总结，制订出一个具体的人员计划。

2. 招收与录用员工

从化温泉在招收员工的时候，特别注重员工招聘录用的效率，以使所需人员能够尽快上岗，并能够很快适应岗位对员工的各方面要求。为了使企业不断有新活力注入，企业在对内部符合要求的在职员工进行提拔和内部调动的同时，更注重对企业外部优秀人员的吸收与接纳。

3. 教育与培训员工

为了充分调动员工的积极性，企业除了对员工进行内部升职外，还对员工进行在职培训以使其能够更加胜任其所要承担的工作，并且能以最快的速度适应温泉企业所特有的工作环境。为了调动员工的积极性，激励员工努力为企业工作，从化温泉还不时地对其员工进行岗位调动，让其到不同的岗位去得到锻炼并适应此岗位。

4. 建立和健全考核奖惩体系

从化温泉为了防止员工偷懒、工作积极性不高以及维持员工队伍的稳定性，建立起了一套合理科学的考核、奖惩体系，这给员工指出了明确的努力方向，更加强了员工实现组织目标的积极性。

5. 建立良好的薪酬福利制度

薪酬福利制度不仅直接涉及企业的费用开支，而且直接影响员工的工作积极性调动与发挥的程度，甚至在很多员工看来，没有比薪酬更重要的问题了。从化温泉在认识到这个问题的严重性之后，立即建立了多元化的薪酬福利体系。不仅考虑员工工作的差异性、业绩考核的差异性以及员工个人之间的差异性，而且还仔细考虑了本企业薪酬福利与市场薪酬福利水平相比的竞争力问题。因此，从化温泉较好解决了薪酬问题。

6. 培养高素质的管理者

从化温泉不仅注重企业员工的培养，更注重企业管理者的培养，因为从化温泉认为好的企业运营是好的管理者实施优良管理策略的结果。企业还认为，只有高素质的管理者，才有可能对员工进行有效的激励，保证企业的正常运转。因此，该企业特别重视对高层管理者的教育和培养。包括不定时地对管理者进行业务考核和再培训，并有一套很合理的激励机制和优厚的福利待遇。

此外，从化温泉还注重员工的个人生活，对其的再学习给予支持。为了促进员工发展和满足其兴趣爱好，从化温泉还专门为其员工建造了各项娱乐设施。同时，还经常了解其家庭情况。这些都很好地加强了对员工的感情投资。

从化温泉还加强员工与企业管理者的有效沟通，让员工充分了解公司的发展前景与工作目标，实现企业与员工共同发展。

在从化温泉落实完这一套方案之后，员工的工作积极性有了大幅度的提高，员工对企业的满意度及忠诚度得到增强，工作情绪有了一定的改观。而员工个人生活方面的各种问题也迎刃而解。同时企业还建立了一套有效的沟通机制，方便了员工与企业管理者之间的交流。

这套人员管理体系使得从化温泉有了一个稳定的员工队伍，也使得从化温泉在市场竞争中占据了一个特别有利的战略地位。因为员工的满意是客人满意的前提，员工的爱岗敬业是客人获得超值服务享受的基础。

【思考与讨论】

1. 温泉企业的人力资源管理有哪些独特性？
2. 如何激励温泉企业的基层员工？
3. 如何建立中层管理者的薪酬体系以留人、用人？

二、采购管理

【案例】某温泉企业采购管理制度

一、食品采购的规定

1. 采购食品必须专人负责，并掌握食品卫生知识和采购知识；

2. 各部门应该根据本部门日常经营状况进行采购，做到有的放矢、先统筹后下单，经主管领导同意后报采购部购买，采购食品的发票必须由采购员交财务部报账；

3. 凡无食品包装标志，或标志上产地、厂名、生产日期、批号或代号、规格、保质期不明确的食品均不准采购；

4. 凡未经兽医卫生检验或检验不合格的肉类及其制品不准私自采购；

5. 病死、毒死或死因不明的禽、畜、兽、水产动物等及其制品不准采购；

6. 凡腐败变质、油脂酸败、霉变、生虫、污秽不洁的食品及超过保质期的食品不准采购；

7. 其他一切有毒、有害或掺假、掺杂，影响营养卫生及人身安全的食品均不准采购。

二、采购食品索证制度

1. 由采购员索取并仔细查验供货商的营业执照、生产许可证、经营许可证、卫生许可证、有关质量认证食品的相关质量认证证书、进口食品的有效商检证明、国家规定应当经过检验检疫食品的检验检疫合格证明。上述相关证明文件应当在首次购入该种食品时索验并且应该在有效期内，且应将各证复印件交质量管理部存档备案。

2. 仓库每天建立食品和各原料的进货台账，如实记录产品名称、规格、数量、供货商及其联系方式、进货时间等有效内容，以备检查。

3. 采购非定型包装食品时要检查食品的色、香、味、形等的感官性状，并索取经销商的卫生许可证及该批次产品的检测报告或合格证。

4. 在采购鲜（冻）肉类时，应当索取畜产品检疫证，采购进口鲜（冻）肉类及其制品时，应索取出入境动物产品检疫合格证明。

5. 采购保健食品、进口保健食品、新资源食品时，应同时索取卫生部相关卫生许可批件（复印件）。

6. 进货台账保存期限不得少于 2 年，每月月底交由质量管理部统一保存备查。

【相关知识】

采购管理是企业为了完成生产或销售计划，从合适的供应商那里，在确保合适品质的前提下，在合适的时间，以合适的价格，购入合适数量的商品所采取的管理活动。即“5R ”管理：合适的供应商、合适的品质、合适的时间、合适的价格、合适的数量。采购管理是研究在取得商品的过程中，统筹事前的规划、事中的执行以及事后的控制，以达到维持正常的企业经营活动、降低产销成本的目的。就采购的规划而言应包括设定目标、建立制度和组织、划分职责与权限、人员的选用、设计作业流程与表单以及拟订计划与预算。

采购管理的重中之重

把好采购人员选定第一关

采购技巧

根据大型温泉度假村采购经理从事旅游企业采购工作的长期经验，以下几点值得采购人员借鉴：

1. 采购量严格符合采购计划，但对保质期长、不受时间影响的产品可多进货，当然前提是资金不存在问题。

2. 平时收集供货渠道，做到在需要采购时能货比多家，即能保证质量，又能杀低价格。

3. 寻找第一手货。第一手货是指没有经过倒手转卖的货品，避免在转手过程中增加无形成本。

4. 自己采购。在自己能做到的情况下，避免用中间商采购。因为由采购人员直接面对市场，无论是在节约成本还是货物质量上都有更高的保证。

【案例分析】

温泉企业的服务质量永远是温泉所有工作的中心，为了达到企业的服务质量标准，企业采购部门需要做很多工作。在这些工作中，企业采购部门的采购程序尤其重要。

本案例中的企业制定了严格的食品采购程序和质量控制标准，这就一定程度上保证了产品的产出质量。同时采购管理也关乎着温泉企业的赢利空间，企业运营管理的最终目的是降低成本、多创利润为前提，成本越低则利润越高，而降低成本的第一关是把好采购进货关。

一般来说，温泉企业的采购程序大体上是这样的：首先各部门根据需要提出采购申请，采购部根据仓库的存货量及营业预测，为各部门申请提供样板，然后确定样品再由采购部选择供应商，经过酒店领导层审批以后执行采购。采购部在采购之前一般都会提出几套备选方案，供职能部门选择。当然在这些程序背后不能忽略采购经理们的采购准备，主要是对采购信息的收集，而采购信息来源主要有商家上门推销、网上查询、参加展览会收集等。其次，要制定、健全采购标准并严格实行，保证采购物品的质量与品质符合企业产品的要求。最后，对采购物品进行妥善存储，减少浪费和损失。

另外，对于常用物料，企业可采取小批量、多次和多渠道的采购方法。通过这种采购方法加快企业对物料需求的循环速度，使物料可以尽可能地为企业创造最大的价值，而同时又可以减少企业不必要的库存。在采购物品库存方面，应做到：企业定期对库存物料核定；严格限制物料的储备数量；严格物料的进入与支出管理，不得乱收乱支。

【思考与讨论】

1. 为什么说采购管理对温泉企业来说是生死攸关的大事？
2. 请结合上述案例谈一谈制度建设对采购管理的意义。

三、企业文化管理

【案例】珠海御温泉的企业文化创建

1. 塑造企业模范人物

企业模范人物必须具备以下条件:能够很好掌握工作技能,服务态度好,服务意识强烈,遵守法律法规、企业规章制度和社会道德,有文化修养,尊重人,对企业有归属感。他们是企业形象的代表,他们最能向游客展示企业文化,是员工学习的榜样,激励员工不断提升自己,完善自我,实现自我价值。御温泉每周有"服务之星"评选,评选面向企业正式员工、实习生、临时工、部长。每三个月有"金纽扣"评选,评选面向正式员工、实习生、临时生、部长、助理。"阳光经理人"评选也是每三个月一选,面向总经理以下经理以上级别人员。御温泉力求在普通员工、中层管理者和经理人三种级别中塑造企业模范人物,树立学习榜样,激励员工。对获奖者不仅有物质上的奖励,还有精神上的激励。此外,还针对部门设有"阳光先锋席"和"阳光加油席",这有利于加强员工的集体荣誉感和企业凝聚力。企业模范人物具有榜样、凝聚、舆论导向和矛盾冲突调和作用。

2. 创建企业礼仪文化

旅游企业的礼仪文化很丰富,包括商务礼仪、会议接待礼仪、餐饮礼仪、婚庆礼仪等。御温泉的礼仪文化中的典型代表是"四项礼仪"。见客到,第一项是面带微笑打招呼"您好,欢迎您的到来"。第二项是鞠躬,女士丁字步站立,右手握住左手,右手四指自然下垂,背部保持挺直,鞠躬45°,眼睛直视客人的鞋子,男士除了站立姿势是双脚打开与肩同宽,其余相同。第三项客人走,面带微笑道别"请慢走,欢迎下次再来"。第四项仪容,女士端庄的淡妆、男士的发型胡须的整理,以及制服的整洁,都体现了服务人员对客人对同事对上司的尊重和礼貌。这个"四项礼仪"面向的除了游客外还有公司高层,企业里的服务标准委员每天都会在各部门监督,发现哪个员工见到客人没做到"四项礼仪",就会予以警告处理并报告该部门领导。在御温泉,所有员工包括负责清洁的大叔大妈,上岗前都必须接受"四项礼仪"的培训,部门每天例会都会练习。

3. 构筑内部沟通网络

构建旅游企业文化需要企业所有员工的参与,因此企业要关心员工的生活和工作状况。御温泉的饭堂里有一个"总经理意见箱",任何员工对工作有意见和建议,都可以通过写字条将自己的想法、看法传递给总经理。此外,企业里每个部门都有一个"意见箱",方便员工畅所欲言。此外,领导的手机号码都是公开的,员工还可以通过发信息与领导沟通。当然还有一种最直接的方法,当面向领导表达看法。在御温泉,领导的面随处可见。御温泉的领导对工作都兢兢业业,尽心尽责。另外,总经理每周都会有一天与员工会面,员工可以与总经理聊工作所悟、生活点滴、人生规划。

4. 营造企业文化氛围

营造企业文化氛围很重要,倘若客人被企业的文化氛围感染,他会多停留一会,多享受一会,对身边朋友多宣传一点,客户回头率自然多一点。御温泉的企业文化内涵是"纯粹中国,纯粹温泉",其最具代表性的文化自然是它的温泉养生文化,御温泉处处皆有温泉文化。首先是视觉文化体验,御温泉独具匠心的设计,以唐为体,以泉为意,师法自然,将一个"盛唐新风"的露天温泉度假村展现在游客面前。其次是产品文化体验,如"六福汤N次方",温泉水与中草药原汁混合,形成具有保健功能的加料温泉;"太医五体调养"传承五千年中华养生理念,对人体进行全面调理和滋养,进而上升为一种道养;御食坊食材采自自种农庄,健康养生食膳调和阴阳;御温泉的住宿设施无不渗透着文化气息,如云来客栈的"云来格局":云来客栈典故多,街巷里弄来探索;一人入格霸天下,只身江湖好潇洒;二人入格喜相逢,结伴同游乐融融;三人入格好知己,左右逢源同欢喜;四人入格逗欢欣,围打方城真过瘾;五人入格乐翻天,炒起田螺你靠边;六人入格齐畅聚,搞起派对多欢趣;人人入格开口笑,温泉闲趣宿一宵。

【相关知识】

1. 企业文化

企业文化是指企业在长期的生存和发展中所形成的,为本企业所特有的,且为企业中全体成员共同遵循的最高目标、价值标准、基本信念和行为规范等的总和。它是以企业管理哲学和企业精神为核心,凝聚企业归属感、积极性和创造性的人本管理理论。同时,又是受社会文化影响和制约的、以企业规章和物质现象为载体的一种经济文化。企业文化可以以不同的形式出现,往往借助着一种语言(language)、组织使命(mission)、传说(legends)、故事(stories)、标志和英雄事迹等在组织中传播。所以,企业文化可以是多层面的,最基本的层面是组织内各员工所共同拥有的价值观和假设,是组织文化的"本质"。

2. 温泉旅游企业文化的特点

(1)文化性

旅游活动本质上是一种文化消费活动,是一种文化的交流、学习与沟通。从这个意义上来说,温泉旅游企业是生产文化、经营文化和销售文化的场所。因此,温泉旅游企业的有形产品(包括设施设备)以及对旅游者的无形服务都要刻上该企业独特的文化烙印。在温泉度假村的经营过程中，除了其实用的性能（食、住、浸泡温泉）吸引游客外，其文化内涵更使其有效地与竞争者区别开来。温泉旅游企业的每个员工都应该是该企业文化的创造者和传播者，并使该企业的文化始终贯穿于整个对客服务的流程中，他们的文化素养决定服务的品位和质量。对客服务的态度、服务理念、企业精神构成了温泉旅游企业文化的核心。旅游服务战略、服务机制、服务创新、服务形象、服务艺术和服务品牌是旅游服务文化的重要内容和表现形式。

（2）服务性

温泉旅游企业属于服务行业，其员工是服务的提供方，而旅游者是服务的接受方。温泉旅游产品的质量具有极大的变动性，这一方面因为服务的提供者——员工，其服务的水平、服务的态度很难像机器一样做到始终如一，同时另一方面也是因为被服务者——客人，其对于服务的评价带有极强的主观性和不一致性。因此不但要使服务程序尽可能地严密、细致，尽量在大多数场合下做到标准化，同时更要重视员工人文素质、服务态度和服务技能的培养，尤其重视员工优质服务意识的增强。

（3）跨文化性

温泉旅游企业的消费者来自不同国家或地区，具有不同文化背景、审美趋向和行为特征，这就要求旅游企业应建设具有世界性的服务文化。温泉旅游企业的这一特殊性，决定了其从业人员，特别是决策层要树立强烈的开放意识，了解和认真研究国际市场的消费趋势，了解主要客源市场的文化背景，从而设计和推出具有不同民族风格与文化内涵的服务产品，使旅游者在文化认同与文化反差中产生亲切感、享受感与满足感。同时还要在企业经营管理和服务水平等方面与国际接轨，提高企业在国际市场上的竞争能力。

（4）人性化

温泉旅游企业作为服务性企业，企业文化中的人性化思想主要体现为“以人为本”。产品方方面面的设计都要从游客角度考虑，能否让游客用得方便舒适、住得惬意、玩得开心、吃得愉快。特别应针对一些特殊人群如残疾人士、老人，准备一些贴心服务。此外，企业也要让员工“开心”。若员工对企业有归属感，在工作中就会投入百分之百的努力和热情，游客也会从服务人员那里获得愉悦。这有利于提升企业形象以及提高回头率。温泉旅游企业管理制度理念经历了从 CS、ES 到 EL 的演进过程。

CS（Customer Satisfaction）是指顾客满意或顾客满意度，强调以外部顾客为中心，倡导“顾客第一”，重视顾客利益而相对忽略内部员工及其利益。

ES（Employee Satisfaction）是指员工满意或员工满意度，相对于 CS，ES 更强调以员工为中心,倡导“员工第一”,信仰“只有满意的员工,才有满意的顾客”的管理哲学,强化了员工在企业经营中的沟通协调作用。

EL(Employee Loyalty)是指员工对企业的忠诚或忠诚度,其主导思想是通过关心员工、爱护员工而获得员工对企业的忠诚,使员工视企业为家,把自己的奋斗目标和前途命运与企业紧密联系起来。

(5)个性化

“一千个人中就有一千个哈姆雷特”,不同的人就会有不同的需求。温泉企业要求员工提供满意加惊喜的服务,客人的满意靠员工的标准服务,客人的惊喜靠员工的个性化服务。个性化服务代表人无我有,人有我优。但是个性化服务必须建立在标准化服务的基础上,不能脱离标准化服务。因为大多数企业面对的是大众化客人,不能对每个客人都提供个性化服务,这样会顾此失彼,浪费人力物力增加成本。此外,温泉企业也不能只提供标准化服务。因为标准化服务不会让人产生情感的碰撞。企业文化的建设需要标准化服务基础上的个性化服务。

(6)融合性

温泉企业的文化,如果要做到有创新和有特色肯定要融合当地文化,特色的原生态民族旅游文化最能吸引人,最受欢迎。因而温泉企业的文化建设需要在区域文化基础上发展,比如在饮食上吸收当地的特色小吃,推陈出新,使之成为温泉企业的特色饮食文化。

【案例分析】

上述案例展示了珠海御温泉的企业文化创建。关于如何构建企业文化,有一个著名的洋葱头结构模型,主要是说一个企业的文化是由内及外,一层层地环抱着的。最内核为理念层,主要包含了该企业的使命、价值观和目标。向外依次为制度层,包括了该企业的规范、制度、流程;行为层,包括了该企业的活动、仪式和日常行为。最外围是物理层,主要由象征物、英雄、故事、环境布置等构成。我们发现,御温泉的文化创建正是结合了上述几个层次,其中御温泉“纯粹中国、纯粹温泉、保健养生”是其企业文化的理念层;“内部沟通网络——意见箱”、“礼仪文化——四项礼仪”是其制度层,“服务之星评选”、“金纽扣评选”是其行为层;“阳光经理人”、“龙行墨宝的标志”、“盛唐的建筑风格”是其物理层。

独特而健康的企业文化无疑会对温泉企业的成长起到重大的积极作用,主要有以下几个功能。

1. 导向功能

企业文化能对企业整体和企业成员的价值及行为取向起引导作用。具体表现在两个方面:一是对企业成员个体的思想和行为起导向作用;二是对企业整体的价值取向和经营管理起导向作用。这是因为一个企业的企业文化一旦形成，它就建立起了自身系统的价值和规范标准，如果企业成员在价值和行为的取向上与企业文化的系统标准产生悖逆现象，企业文化会进行纠正并将其引导到企业的价值观和规范标准上来。

2. 约束功能

企业文化对企业员工的思想、心理和行为具有约束和规范作用。企业文化的约束不是制度式的硬约束，而是一种软约束，这种约束产生于企业的企业文化氛围、群体行为准则和道德规范。群体意识、社会舆论、共同的习俗和风尚等精神文化内容，会造成强大的使个体行为从众化的群体心理压力和动力，使企业成员产生心理共鸣，继而达到行为的自我控制。

3. 凝聚功能

企业文化的凝聚功能是指当一种价值观被企业员工共同认可后，它就会成为一种黏合力，从各个方面把其成员聚合起来，从而产生一种巨大的向心力和凝聚力。企业中的人际关系受到多方面的调控，其中既有强制性的“硬调控”，如制度、命令等，也有说服教育式的“软调控”，如舆论、道德等。企业文化属于软调控，它能使全体员工在企业的使命、战略目标、战略举措、运营流程、合作沟通等基本方面达成共识，这就从根本上保证了企业人际关系的和谐性、稳定性和健康性，从而增强了企业的凝聚力。

4. 激励功能

企业文化具有使企业成员从内心产生一种高昂情绪和奋发进取精神的效应。企业文化把尊重人作为中心内容，以人的管理为中心。企业文化给员工多重需要的满足，并能用它的“软约束”来调节各种不合理的需要。所以，积极向上的理念及行为准则将会形成强烈的使命感、持久的驱动力，成为员工自我激励的一把标尺。一旦员工真正接受了企业的核心理念，他们就会被这种理念所驱动，自觉自愿地发挥潜能，为公司更加努力、高效地工作。

5. 辐射功能

企业文化一旦形成较为固定的模式，它不仅会在企业内部发挥作用，对本企业员工产生影响，而且也会通过各种渠道（宣传、交往等）对社会产生影响。好的企业文化的传播将有助于树立企业的良好公众形象，提升企业的社会知名度和美誉度。优秀的企业文化也将对社会文化的发展产生重要的影响。

6. 品牌功能

企业在公众心目中的品牌形象，是一个由以产品服务为主的“硬件”和以企业文化为主的“软件”所组成的复合体。优秀的企业文化，对于提升企业的品牌形象将发挥巨大的作用。独具特色的优秀企业文化能产生巨大的品牌效应。无论是世界著名的跨国公司,如“微软”、“福特”、“通用电气”、“可口可乐”,还是国内知名的企业集团,如“海尔”、“联想”等,他们独特的企业文化在其品牌形象建设过程中都发挥了巨大作用。品牌价值是时间的积累,也是企业文化的积累。

【思考与讨论】

1. 温泉企业的文化建设有哪些独特性?

2. 结合本书中御温泉的企业文化建设谈一谈你所熟悉的企业的文化创建(是否有企业文化、该企业文化各个层次是如何体现的)。

四、服务质量管理

【案例】某温泉度假村员工仪容仪表标准

着装

1. 穿着指定工作服、工作鞋进入工作区域。

2. 工作服应保持整洁、挺直、无开线掉扣；前台区域员工不可卷衣袖、裤脚；女员工应着肉色丝袜；系领带时，要将衬衣下摆扎在裤子里。工作服纽扣应扣整齐，领带、领结、领花打正。

3. 工作鞋面整洁、光亮无污迹。不得赤脚穿鞋，不趿拉皮鞋，工作皮鞋不得钉掌。

4. 上班员工必须佩戴工号牌，注意横平竖直，区域内员工工号牌佩带位置应保持统一。

仪容

1. 头发自然干净、不蓬乱、不染怪异色发。一线员工不得染异色头发，男员工不得理怪发，留长发，发脚以下盖耳部及后衣领为宜，女员工刘海儿不遮眼，长发须盘起，部门内部发式保持统一。

2. 上班必须保持淡妆，不可浓妆艳抹；粉底浅薄为佳，且要保持均匀和与肤色协调，眼影以不易被明显察觉为宜，唇膏与肤色相配。男女均不准戴有色眼镜上班。

3. 男员工不得蓄胡须，经常修剪鼻毛，鼻毛长度以不伸出鼻孔边缘为宜。

4. 男女员工不得留长指甲或涂指甲油，指甲修剪要整齐，保持清洁。

5. 注意个人卫生，爱护牙齿，饭后要漱口，勤洗澡防汗臭，上班前不吃异味食品，不喝含酒精的饮品，更不得抽烟。

站姿

1. 当班时坚持站立服务、挺胸、收腹、两脚略分开 15 厘米左右。站姿优美，保持精神饱满、表情自然，面带微笑。

2. 眼平视或注视客人，不斜视宾客或东张西望，不凝视一个固定位置。不得前仰后合，不准倚靠家具或墙柱，不得做手插兜、叉腰、抱肩等的不雅动作。

3. 动作自然大方，两手自然下垂或在腹前交叉。两脚成 V 字形（女性）或与肩同宽（男性）。身体正直平稳，不东倒西歪，随时准备为宾客提供优质的服务。

坐姿

1. 当班或与宾客交谈需坐下时，坐姿平稳自然、端庄文雅、面带微笑。

2. 入座前轻移座椅，面对宾客，平稳坐下，只坐椅子的三分之二，如坐姿方向与宾客不同，应侧身面向宾客。

3. 两脚并齐，两手不能插入两腿间，不可玩弄任何物品，身体重心垂直向下，两肩放平。

4. 女服务员入座时先将裙子向前拢，方可落座。

5. 非特殊情况，不得在供宾客使用的座位中落座，需坐下服务或与宾客交谈时，两眼应注视宾客鼻尖，精力集中，目光不得在宾客身上游移。

6. 离座时，要将座椅放回原位，动作要轻，避免发生较大声响。

走姿

1. 挺胸、收腹、沉肩、垂肘、身体重心略向前倾，不出大响声，不拖腿，走姿自然大方。男不晃肩，女不扭腰，两肩并齐。精神饱满有朝气。

2. 头部：略收下颌，鼻口喉一线，不可摇头晃脑或昂首过高，不吹口哨，不吃零食。表现应端庄谦虚。

3. 目光：平视前方应用余光视两翼及上下，不要左顾右盼或斜视。

4. 手臂：手臂垂直前后自然摆动 20°，摆手不打弯，不要手插口袋或打响指，不与他人并膀拉手或勾肩搭背。

5. 步速：一般情况下每分钟 90 步，不得过于缓慢，非紧急情况不得奔跑、跳跃。

6. 通道和走廊上，员工应靠边行走，不得在中间大摇大摆，穿工服遇到客人应主动礼貌问好；几人同行时，应列队行走，以免影响客人或其他人通行；走客人通道不与人嬉戏；看到公共区域的垃圾应主动捡起。

手势

1. 在给客人作介绍、引路、指引方向时，要把手臂伸直，手指自然并拢，手掌向上，以肘关节为轴，上身略向前倾，指向目标，同时眼睛要看着目标并兼顾对方是否看到指示的目标。

2. 在递给客人东西时，应用双手恭敬地奉上；切忌以手指或笔尖直接指向客人。

【相关知识】

服务质量是温泉企业在竞争中致胜的法宝。服务质量的内涵与有形产品质量的内涵有所区别，温泉消费者对服务质量的评价不仅要考虑服务的结果，而且要涉及服务的过程。服务质量应被消费者所识别，消费者认可才是质量好。服务质量的构成要素、形成过程、考核依据、评价标准均有别于有形产品。

服务质量是产品生产的服务或服务业满足规定或潜在要求（或需要）的特征和特性的总和。特性是用以区分不同类别的产品或服务的概念，如旅游有陶冶人的性情令人愉悦的特性，温泉让人休闲、养生的特性。特征则是用以区分同类服务中不同规格、档次、品位的概念。服务质量的内涵应包括服务的安全性、适用性、有效性和经济性等一般要求。

服务质量测定的方法：

服务质量测定一般采取评分量化的方式，服务质量测定具体程序如下：

第一步：测定顾客的预期服务质量；

第二步：测定顾客的感知服务质量；

第三步：确定服务质量，即：服务质量 = 预期服务质量 - 感知服务质量。

服务质量的评分量化方法大致步骤如下：

第一步：选取服务质量的评价标准；

第二步：根据各条标准在所调查的服务行业的地位确定权数；

第三步：针对每条标准设计 4 ~5 道具体问题；

第四步：制作问卷；

第五步：发放问卷，请顾客逐条评分；

第六步：对问卷进行综合统计；

第七步：采用服务的多重属性模型（又称消费者期望值模型）分别测算出预期质量和感知质量；

第八步：根据上述公式，求得差值，差值越大，表明感知质量离预期质量差距越大，服务质量越差，相反，则服务质量越好。

质量的四个来源，即设计、生产、交易、与顾客的关系——这些方面的管理方法也影响着顾客感知的质量。服务的技术质量与买卖双方有关的职能质量都会受到这些因素的影响。

为了确保温泉旅游度假区质量方针、质量目标与旅游度假区的经营、服务宗旨相适应，并能得到顺利实现，温泉企业应进行质量方针、质量目标、各部门质量目标的策划制定、开展实施、评审改进的管理。

服务质量差距的管理

温泉旅游管理者可采用美国学者提出的一个差距分析模型，即服务质量差距模型，该模型将消费者的知觉、心理、社会等因素及管理者知觉均纳入考虑，提供了一个详尽的系统结构（如图 3 -1 所示），专门用来分析服务质量问题的根源。

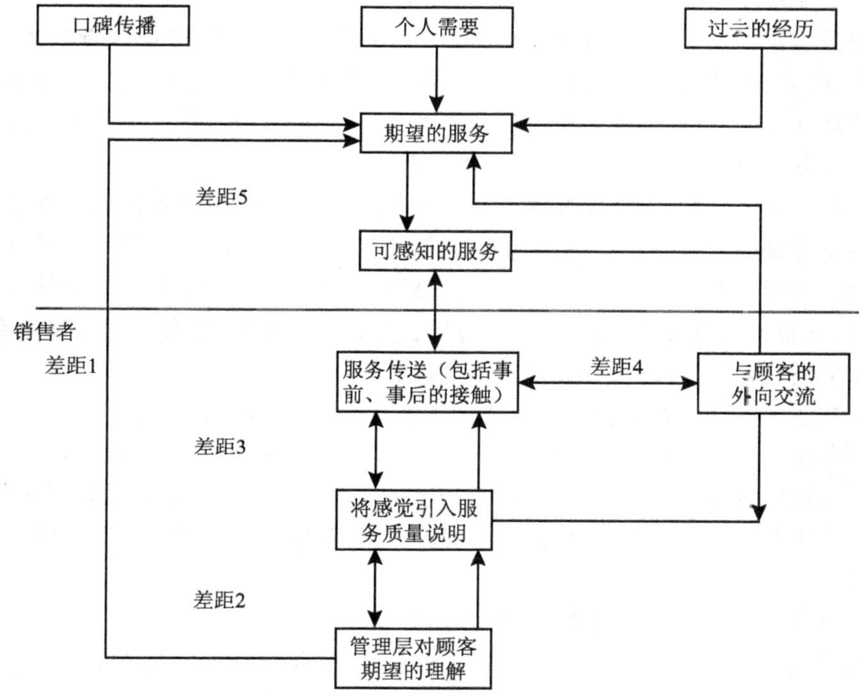

图3－1　服务质量评估的理论模型

服务质量差距产生于“管理者对顾客需求的错误认知”(差距1),“对服务的特征确定有误”(差距2),“服务传递错误时”(差距3),“服务沟通错误时”(差距4),“服务的表现无法满足顾客的期望时”(差距5)。

上述差距分析模型,可用来明确不良服务质量出现的可能原因。“差距分析模型”简单地定了义顾客预期水平与组织实际提供的服务之间存在的潜在问题。这种方法可以帮助经理人员考虑用新的服务或服务支持系统等一整套流程,来替代目前的一系列独立的活动。

【案例分析】

服务质量的管理是一项系统工程,需要扎实做好以下工作:

1.服务质量管理的基础工作方面

服务质量管理的基础工作是服务标准化、计量,此外还有以服务质量否决权核心的服务质量责任制。离开这些基础,服务质量管理是无法推行或行之无效的。

2. 服务质量管理体系的设计(策划)方面

服务质量管理的首要工作就是设计或策划科学有效的服务质量管理体系，这要从企业的实际情况和客观需要出发，合理选择服务质量管理体系要素，编制服务质量管理体系文件，规划服务质量管理体系运行步骤和方法，并制定考核办法。

3. 服务质量管理的组织体制和法规方面

从我国具体国情出发，研究建立适合于我国经济体制和政治体制的服务质量管理组织体制和服务质量管理法规。当然，更需要研究其他各行业的质量管理体制、法规，以博采众长、取长补短、融合提炼成适合本行业的服务质量管理体制和法规体系，如服务质量管理组织体系、服务质量监督组织体系、服务质量认证体系等，以及服务质量管理方面的法律、法规和规章。

4. 服务质量成本和服务质量管理经济效益的评价、计算方面

服务质量成本是从经济性角度评定质量体系有效性的重要方面。科学、有效的服务质量管理，给温泉企业带来显著的经济效益。如何核算服务质量成本，怎样定量考核服务质量管理水平和效果，已成为现代服务质量管理必须研究的一项重要课题。

5. 服务质量管理人才的培训、教育方面

服务质量管理以人为本。没有高质量的服务质量管理人才是不可能开展服务质量管理事业的。为此，要研究服务质量管理的学历教育(包括博士、硕士和学士等)，职业或继续教育的课程内容、教材、教学方法，服务质量管理专业技术职称评审，职务聘任条件、方法等。

此外，可信性管理、服务质量管理经济效果的评定和计算以及服务质量文化建设等，也是服务质量管理研究的重要内容。

【思考与讨论】

1. 标准化在温泉企业服务质量管理中有何价值?
2. 如何有效地进行服务质量的衡量和控制?

五、安全管理

【案例一】头晕的客人

某月某日下午，某温泉度假村内一位女客人刚泡完温泉就来到二楼休息厅做按摩，客人做完按摩后没有很快地出按摩房。15 分钟后，该度假村服务员给客人送了一杯水进去并询问客人有无其他需要，客人说有点不舒服想休息一会，服务员出来后把这个情况告诉了当班领班，领班接到汇报后马上来到客人的房间，询问具体情况。得知客人有头晕、恶心的症状，在征得客人的同意后叫来了医务室的医生，经诊断是因为客人身体虚弱，空腹泡温泉做按摩才引起的头晕、恶心的症状。在医生的吩咐下，服务员给了客人一杯糖水，并建议客人到餐厅吃些食物补充能量，半个小时后客人的症状得到了缓解，并对该度假村的服务给予了充分肯定。

【案例二】滑倒的客人

某日下午，某温泉度假村内，外籍男游客 Tom 来到滑梯温泉游玩时，由于语言上的障碍，加上客人心急，度假区的服务员虽然用肢体动作给客人示范了滑梯的动作，但其仍在滑道中身体侧翻，导致头部受到撞击。服务人员发现后，立即将该游客扶上岸，当时客人意识已不是很清醒，后又说头很晕。有鉴于此，该温泉企业立即安排工作人员和车辆送客人到邻近医院进行治疗，拍了 CT 片。此时，该客人仍旧头晕，身体时热时冷，浑身发抖，医生建议其住院观察。该温泉企业根据医生的建议和客人的症状给客人办理了住院手续，该企业工作人员还给客人买来食品和水，方便客人晚上食用。次日早上该企业派主管看望客人。医生说没事了，可以出院了，客人也感觉良好，后为客人办理了出院手续。

【案例三】受伤的员工

某日下午，某温泉度假区露天温泉区服务员小李在当班期间走到 3 号机房门口时，被倒下的铁门砸到了脚部。当时该员工感觉有点疼，没有太在意。

次日早晨该员工的脚趾发紫、肿胀厉害，上班时行走很吃力，该企业立即安排专人送该员工到邻近医院检查。拍了 X 光片后，医生诊断为左第二趾骨中间趾节撕裂伤，医生建议休息一个星期。

该企业将此事件报为工伤，安排该员工休息一个星期。

【相关知识】

旅游安全管理至关重要，从宏观上看旅游安全包括旅游目的地国家和地区的自然环境和社会环境安全，即不存在自然环境方面的地震、火山爆发、塌陷、地裂、崩塌、滑坡、泥石流、暴风雨、洪水和海啸等自然灾害因素，以及社会环境方面的战争、恐怖主义、社会动乱、犯罪活动等社会不安全状态。这些环境因素不在旅游企业可控范围之内。本文主要讨论旅游安全管理的微观层面，即旅游企业的安全管理。旅游企业内部的安全管理复杂多变且是旅游企业正常运转的基础。从安全管理的服务对象上看包括旅游企业的服务对象——客人，以及服务提供者——员工；从安全管理的内容上看包括身心安全及财产安全；从安全管理的控制对象上看包括设施设备、食品卫生及操作流程等。

首先，增强旅游企业的安全意识。这里要特别树立安全管理出效益的观念，部分旅游经营者往往从节省成本的角度出发，尽可能地减少安全管理所需设备、资金，结果却得不偿失。因为安全事故不仅带来巨大经济损失（巨额赔偿），还对旅游企业的形象造成极坏的社会影响。从长远来看，安全管理所带来的经济和社会效益回报远大于其初期经济投入成本，因而安全管理也是一种生产力。

其次，树立“主动预防”的安全理念。有些企业管理者对事故主动预防工作并不重视，却把希望寄托在旅游保险上。事实上，保险可以在一定程度上规避经济风险，却不能完全预防事故发生。管理者必须走出对保险的认识误区，积极消除安全隐患，变被动预防为主动预防，从而杜绝事故的发生。

最后，加强企业员工安全教育培训，针对本旅游企业可能出现的安全问题，如火灾、食物中毒、台风、设施设备使用不当造成的客人及员工的损伤、偷盗等进行分类，并建立标准化的处理预案，不断地通过员工演练，使员工能够从容地处理各类安全事故。

【案例分析】

温泉企业中的安全问题是时刻都须提起注意的。上述三个安全管理案例（其中两个是针对客人的、一个是针对员工的）危害都相对较小，相关企业也做出了及时的、恰当的处理，但如果面对的是火灾、大面积的食物中毒等事件就需要动员企业的全体员工参与处理了。

一般情况下，温泉企业的一线员工在遇到客人的安全问题时，首先不能慌张，必须先了解清楚客人的情况，然后安抚好客人，如果自己不能解决的必须马上通知当班领班或主管，千万不能自作主张以免情况恶化。如果是员工自身遇到了安全问题，就需要及时通知其他同事。温泉企业一方面要预防和杜绝安全事故的发生，另一方面，对于那些不可避免的安全事故，应该勇于承担责任，积极应对，争取及时妥善地处理问题。

为了有效应对和减少安全事故，需要在以下几个方面加强管理。

1. 加强度假区安全巡查

整个温泉企业应建立起安全巡查机制，由公司高层领导挂帅，各部门领导参与，定时定点地对整个度假区，包括营业的一线及非营业的二线部门逐一进行安全排查，尽量将各类安全隐患消除在萌芽状态。安全责任由各部门的一把手负责，以引起全体员工的足够重视。

2. 加强宣传、善意提醒

温泉企业的管理部门必须合理限定游客的活动范围和空间。在度假区容易诱发安全事故的各个地方设置标示牌、警告牌等明显标志，提醒游客加以足够重视。如果可能的话，在旅游手册及门票上注明景区内可能存在（或发生）的危险。比如温泉度假区有很多地方较为湿滑，为此应给予游客足够醒目的警示。此外，浸泡温泉需要消耗大量的能量，应通过泡浴须知、温馨提示等告示予以善意的提醒。现场服务人员，也应该积极引导客人进行适当的休息、补水等活动。同时需要特别加强对老年人、小朋友等特殊人群的关注，防止他们可能出现的安全问题。

3. 成立医疗救援站

温泉接待企业应设立医疗紧急救护站，且能够对一些突发性疾病如心脏病、昏厥、中暑和一些小的意外伤害如擦伤、烫伤等进行简单的施治，防止病情的恶化。

4. 建立安全事故档案

温泉企业应建立安全事故档案。安全事故无小事，应该有专门的部门和专职人员对各类安全事故进行记录、归类，企业的管理者加强定期的评审、总结，通过不断的监督，持续改进服务工作，减少安全事故发生的概率。

【思考与讨论】

1. 你认为温泉企业中的安全管理包括哪些方面？针对不同方面管理手段应该有哪些不同？

2. 你认为安全管理除了要有制度保证外还应该注意哪些方面？

六、温泉水卫生管理

【案例一】台北近四成温泉水质和卫生不合格①

中新网 1 月 6 日电 台湾的一项抽样检查发现,台北县市有 38% 的温泉水质和空气、卫生不合格,其中包括五星级的温泉业者。

据台湾媒体报道,岛内消基会是在去年 11 月抽验乌来、北投、阳明山、金山等大台北地区的温泉区水质,受检温泉共 31 家,部分业者还拒绝受测。检验结果发现,个人温泉屋普遍都有池壁刷洗不净的情形,大众池的情况又比个人池更糟,总生菌数不合格率从 26% 到 32% 不等,消基会呼吁业者应立即改善清洗流程作业及管理机制。据了解,生菌数、大肠杆菌群代表水质卫生程度,若水源遭污染可能滋生细菌,皮肤有伤口、过敏体质者都可能身体不适。

至于空气总细菌数方面,消基会要求温泉业者每 1 立方米菌落数不应超过 500 个,检测结果发现,31% 的业者不合格。而总细菌数过高,表明空气品质不佳,可能引起过敏、呼吸不畅,严重时甚至导致气喘等。

【案例二】北京部分温泉卫生环境差危害游客健康②

《健康时报》记者走访北京 4 家温泉洗浴场所,发现温泉度假村装修都比较豪华,服务也相对完善,但是卫生情况不尽如人意,存在室内温泉水面上漂浮物过多、缺少明显的健康警示标志等现象。

调查策划:吴尧　调查记者:吴尧、刘桥斌、王强、杨波

调查地点:北京龙脉温泉度假村、北京花水湾磁化温泉度假村、北京温都水城和北京春晖园温泉度假村

调查顾问:中国矿业联合会地热专业委员会秘书长宾德智

室内温泉水比室外的脏

总体感觉:温泉水干净与否是人们最关心的问题。记者观察发现,几大温泉场所的水质都有不尽如人意的地方,而且在同一个温泉度假村的不同项目,其水质的差别都很大,最明显的是室内温泉水质量明显不如室外。

具体表现:

龙脉:室内水疗区——水质比较清澈,有一股淡淡的氯气味;

---

① 资料来源:中新网新闻稿,http://news.163.com/50106/0/19DIF21U0001124U.html

② 资料来源:2007 年 03 月 02 日 11:51 健康时报,原文有删节

室内鱼疗池——池面上漂浮着很多肉眼可见的污物；

室外露天温泉——水质很不错。

花水湾：室内温泉——水面上有很多的漂浮物；

室外5个温汤池——令人眼前一亮，看起来非常洁净。

温都水城：室内温泉池——个别漂浮着一些絮状物，看起来不卫生。

春晖园：室内特色药浴区——水质浑浊，有大量悬浮物，甚至头发；

室外温泉区——水质清澈。

相关规定：

肉眼不能看见漂浮物

北京市卫生监督所的工作人员告诉记者，目前尚无专门针对温泉管理的相关标准，所以目前温泉与洗浴场所的卫生标准是基本相同的。

2002年卫生部下发的《游泳场所卫生标准》中指出，游泳场水质卫生标准指无油膜及无漂浮物。《公共浴室卫生标准》规定，公共浴室的水浊度要小于等于30度。也就是说温泉水看起来应该和普通水一样清澈见底。

监督人员表示，当温泉池水里的漂浮物清晰可见时，温泉水的卫生情况和水质很可能已被破坏。

强制消毒池不强制

总体感觉：强制消毒池是公共洗浴场所的必备设置，既为"强制"，那么应该设在游客的"必经之路"上，但记者调查发现，很多温泉城消毒池都可轻松"绕行"，工作人员更缺乏必要提醒。

具体表现：

龙脉：入温泉池前必须经过一个长度近三米的强制消毒池。

花水湾：消毒池可以绕行。

温都水城：未见强制消毒池。

春晖园：强制消毒池非常小，几乎所有的顾客都选择了绕行。

相关规定：

强制消毒池要设在必经之路

2002年卫生部《游泳场所卫生标准》规定，通往游泳池的走道中间应设强制通过式浸脚消毒池（池长不小于2米，宽度应与走道相同，深度20厘米）。

温泉入口健康警示不全

总体感觉：人们对于游泳池入口处的"禁止心脏病、皮肤病患者入内"的警示语都很熟悉。而同属公共洗浴场所的温泉，按规定也应有类似警示，但在记者调查的4家场所中，只有两家能在明显位置看到。

具体表现：

龙脉：醒目位置挂有横幅："禁止高血压、心脏病、皮肤病患者以及酗酒者入内！"

花水湾：入门处无醒目提示，但室外温泉旁提示："高血压、心脏病患者禁入。"

温都水城：入口处没有醒目提示，但温泉池旁立有功效介绍、适宜人群，以及出现不适后的应对方法等的提示牌。

春晖园：入口处可见"提示"，提醒患有皮肤病、高血压等疾病者慎入。

相关规定：

温泉场所应标明相关疾病警示

卫生部 1996 年《公共浴池卫生标准》中明确指出"公共洗浴场所必须设立高血压、皮肤病及传染性疾病患者禁入的提示"。北京市卫生局等部门 2006 年联合下发的《便民浴池管理规范》第 17 条也指出，"公共洗浴场所必须设立禁止性病和各类传染性皮肤病患者入内的提示"。

三大漂浮物"新解"

记者在几家温泉场所见到的水面漂浮物各有不同，有的呈絮状，有的"抱成了团"。面对询问，温泉场所的工作人员对漂浮物自有"新解"。

新解一："鱼的排泄物"

新解"出处"：龙脉温泉

专家点评："鱼疗"治疗作用一般，更偏重于娱乐。虽然热带鱼能啄食人体的死皮，但是鱼的粪便也同时对水池内的环境造成了影响。排泄物短期不会影响水质和人的健康，但在视觉和卫生上有点说不过去。

新解二："矿物质的凝结"

新解"出处"：温都水城

专家点评：这种说辞很荒唐，矿物质成分是以很微小的单位溶解在水中的，肉眼根本看不见。没有处理的温泉水中天长日久可能形成铁和锰氧化后的锈斑，但是这个过程很漫长。所以，记者看到的漂浮物一定是人为因素。

新解三："中草药成分"

新解"出处"：春晖园

专家点评：特色中药和温泉结合能达到好的治疗效果，但是水中的漂浮物是中药杂质还是卫生不过关难以判断。商家应该在温泉加药疗的同时将水过滤干净。

【案例三】温泉的标示——天然温泉标示板[①]

1. 新天然温泉标示广告牌之构想

依日本温泉协会向民间公开的调查结果,大多数人高度关心温泉信息公开化,如温泉水质、温度、浴缸的利用状况、管理状况等标示板的设计内容.是以社会大众之需求为依据,以争取温泉使用者之信心,期以推广温泉业务。目前各旅馆、饭店及公众浴室等利用温泉者都要有标示板。

2. 新温泉标示板的特色

(1)充实温泉信息公开内容

1)旅馆设施名称、浴槽名称(都道县府名称、温泉名称)。

2)温泉协会会员证。

3)泉源名称、引汤方法。

4)泉源所在地。

5)泉质、泉温(涌水地或浴槽要标示)。

6)温泉的利用形态、循环等方式,有否加水、有否加温。

7)温泉利用状况标示。

如源泉、引汤、泉质、浴槽等有关温泉利用和供水方式、有否加水、新汤流入率。

纯正度或自然度以“·”、“◎”、“○”三种记号表示:

“·”表示纯正度高,“◎”表示尚属纯正,“○”表示其他。

纯正度之审查包括以下方面:

I. 泉源、引汤

利用当地源泉、源泉之出水状况、至用水地之间引汤方式与距离。

II. 泉质

符合利用源泉作为疗养泉及符合温泉法规定。

III. 供水方式

浴池(缸)之供水、放流式,放流部分循环或循环式。

IV. 有否加水

属高温泉水之调温或其他用途。

V. 新汤注入率

浴池(缸)之新水供应每小时多少,依流入量多少与浴池容积之比例审查。

8)发行年、月、日及有效期限。

9)审定号码(登录第X次更新)。

---

① 资料来源:日本温泉界的现况与问题(寺田彻 / 日本温泉协会常务理事,李三畏 译,2004)

（2）设立新审核机关

1）学者专家促成新的公正审核机关/机构。

2）日本温泉协会接受广告牌审查申请，再交由审核机关办理审查。审查时，应将必要子项登录在审查书内，并附10年内温泉分析书、温泉利用许可书、源泉至浴池间引汤方法、路径之图说、浴池图说及源泉与浴池之水质取样等资料，必要时可现场调查。

（3）导入更新制度

标示板有效期间为5年，每5年需要更新一次。此办法于2003～2004年试行，从协会会员中选择示范性设施试办，目前已有600个标示板参加试办。试办期间，根据示范设施的问题及消费者的问题，修改标示内容，自2005年起正式实施。

【相关知识】

在日本、韩国等温泉旅游发展成熟的国家，温泉水卫生管理已经受到了社会广泛的重视。日本于1948年就颁布了《温泉法》，开始从国家层面对温泉开发进行指导。在最初的一段时间温泉水卫生问题并没有引起足够的重视，但随着温泉旅游产品的蓬勃发展，尤其是大批量外国旅游者慕名而来，不可再生的温泉水资源相对于逐渐增多的游客显得愈发稀缺。日本宫崎在2002年曾曝出7名游客因使用了循环的温泉水而感染军团病死亡的丑闻。

针对这样的情况，2003年2月14日，日本厚生劳动省下达了《关于公共浴场卫生管理要领改正通知》，同时有《公共浴场水质基准指针》、《公共浴场尾声管理要领》和《旅馆业卫生管理要领》三个文本作为附件，确立了多项温泉水卫生的规定：

第一，浴池卫生基本指标要求。日本厚生劳动省对温泉浴池水质的卫生要求为浊度5以下，高锰酸浓度小于每升25毫升，大肠杆菌每毫升小于1个，军团菌在100毫升中没有检出。

为保证上述要求落到实处，卫生防疫机关可根据具体温泉洗浴设施的管理情况决定进行多少频度的介入检查。对每天都换水的温泉池而言，一年里要有至少一次以上的公共介入检查。对每日都使用但不是每天都换水的温泉池，一年里要检查两次以上。而没有进行氯化消毒的温泉池一年里要被检查四回。

第二，对泉水开采、输送、储存、加热、注入等过程的清洗与消毒要求。清洗过程中特别要以军团菌容易生息繁殖的生物膜去除为重点，储存罐的温度要求在60℃以上，达不到时需要消毒；浴池需要定期清洗和消毒，过滤器一个星期进行一次逆水流方向清洗；对管道也需要清洗和消毒，集毛器每日清扫，过滤器一小时过滤能力要大于浴池容量。

第三，对温泉浴槽换水的要求。日本多数都道府县原则上要求经营者每天都要换水；使用循环过滤方式的浴池一周至少要换一次水，这是因为6～8日正是军团菌容易爆发性增殖的周期。

第四，对浴槽消毒方面的要求。要求浴池中游离态氯气保持在0.2～0.4毫克/升但不超过1毫克/升的浓度范围。如果由于水质成分或pH值的原因不适合用氯气消毒，需要采取其他消毒手段，但同时需要将有关条件说明报请县行政机关批准。

第五，打汤、气泡话、落水是易产生飞沫的方式，要求不能使用循环水而只能使用原汤。露天浴池与室内浴池的水不可混用，气泡发生装置要设计得不利于尘土进入，入浴前客人必须要充分洗净身体。

【案例分析】

相比日本、韩国等温泉旅游的大国，我国温泉旅游起步较晚，但是随着近些年来温泉休闲旅游产品的蓬勃发展，温泉水卫生管理的问题也在逐渐浮现出来。中国台湾的温泉旅游发展先于大陆，也比较成熟。根据台湾的经验，温泉水卫生的管理和监督是温泉发展中的一个重要问题。台湾的温泉资源丰富，已被开发的产品也遍布全岛，但是至今也没有形成一个全省性的温泉协会，存在着大大小小多个温泉行业协会。在这样的情况下，对温泉水的卫生监督和管理肯定存在漏洞，出现问题也就不可避免了。

中国大陆温泉休闲旅游产品的迅猛发展其实也就是最近十几年的事，因而关注点在于温泉资源的探明和温泉产品的设计与开发，相对处在一种外延式扩大再生产的阶段，并不特别关心产品的质量和发展的持续性，因而缺乏对温泉水卫生管理问题的系统研究。由于发展的时间不长，从前期来看，温泉水卫生的问题出现得尚不突出，但可以预见的是，随着温泉旅游的发展模式从粗放式的开发与建设转向内涵式的品质提升，精细化的、持续性的管理与监督必将提上议事日程，温泉水卫生管理就是其中的一个核心问题。

目前，我国尚未建立一个全国性的温泉从业协会，更没有指导温泉开发经营的全国性的法律法规，也就没有一套可行的用以对温泉水进行卫生监督和管理的标准。案例二中提到："目前尚无专门针对温泉管理的相关标准，所以目前温泉与洗浴场所的卫生标准是基本相同的。"显然，首先在温泉旅游产品的制度与标准建设方面，我国亟待加强。可喜的是，我国温泉发展的先进省份——广东，已经率先出台了关于规范开发和经营温泉旅游产品的地方性标准，这对于我国今后温泉旅游产品的开发与运营无疑具有里程碑的意义。温泉旅游的开发一定会走向高品质和规范化，在此基础上应尽快出台国家标准，并对温泉水卫生问题引起足够的重视，组建全国性的温泉旅游产品质量监督和管理部门。

其次,在温泉水卫生管理方面应该有总有分,也就是说在宏观层面要求有统一的原则性要求,在地方层面要灵活处理。因为一方面温泉旅游产品开发会因为地域、地理因素不同而情况各异,另外一方面温泉产品的开发中创新性的产品层出不穷,这就要求在水卫生管理中针对不同的情况灵活处理。比如南北方气候的因素造成的差异性,带有创新性的所谓"鱼疗"温泉在卫生方面出现的新隐患,等等。

最后,要重视宣传与教育。这主要体现在要对广大消费者进行温泉知识、温泉卫生常识的普及与推广。让人们科学地认识温泉,从而减少游客因为企业的虚假宣传而受骗上当的情况,同时,游客也会在合理和健康的标准上对温泉企业的产品开发提出更高的要求。

【思考与讨论】

1. 你认为温泉水的卫生状况不佳是否是当前温泉企业普遍存在的问题?我国的温泉企业是不是对此有足够的重视?
2. 国外的温泉水的卫生管理对我国有何借鉴价值?
3. 你觉得在管理温泉水质卫生方面企业和政府的角色应该是怎样的?

七、投诉管理

【案例一】发怒的顾客

周末晚上，有一位李女士带着她的客人来到某温泉度假村的露天温泉区，他们持有的是“门票 + 按摩”温泉套票，大约40多分钟后，李女士和她的客人沐浴完温泉到休息厅休息，现场服务员是小张。

因为是周末，当时休息厅内的客人比较多，小张在现场有些措手不及，李女士一行找到位置后坐下，小张因为在收拾其他的桌位，未能及时为李女士一行服务，直到李女士叫服务员后才过去提供服务直到为他们点完单。大概30多分钟后李女士说要去按摩，小张很干脆地带客人到按摩区。到按摩区后，按摩区服务员说该区域房间已满。小张只好和客人解释后带客人往另一个按摩区。到了另一个按摩区，小张为李女士一行安排好了房间，带他们进房间，热情地为他们提供了水果以及饮料。但当她打电话叫按摩技师时，却被告知现在无技师，最快要一小时后。小张和客人说明情况，此时还在气头上的李女士爆发了，冲小张就吼，小张只能让客人稍等，然后去通知当值领班。领班到现场后了解了情况，向客人道了歉，平息了客人的情绪后通知了当班主管，申请让早班的技师回来加班。主管安排了当值的培训老师为李女士的重要客人进行按摩，然后通知早班的技师回来加班。又给客人赠送了精美的果盘和果汁，以及温泉的矿物盐，最后客人才满意地结束了此次的投诉。

【案例二】顽皮的客人

某日晚，一行客人来到某温泉度假区露天温泉区泡温泉，其中有一位女宾客未穿泳衣下池。当时，该区域服务人员便对其进行了劝阻，但客人表示不理解，继续站在池内。后来又有一位服务员劝阻客人不要站在池内，想婉转地说明泡温泉必须穿泳衣的道理，便说：“你要在中式餐厅内点西餐可以吗？”这时客人表示很气愤，一行几人一起向该服务员身上泼温泉水，并且口中夹杂着一些侮辱性的语言。服务员被泼了一身的水，他没有说话，只是平静地注视着客人。这时，这几个客人继而又向该服务员的脸上泼水。此时该服务员很生气，按捺不住情绪，下池和客人进行理论。这时有两位客人拉着服务员的手，其余客人继续往他身上泼水，泼得他全身都湿透了。正好这时领班赶来，客人便指着服务员说他打了客人，又有位女士说这位服务员未穿泳装下水，要去医院检查是否有细菌感染。领班让这位服务员先去换衣服。后来客人进行了投诉。

【相关知识】[①]

投诉管理从本质上属于管理职能中的控制职能,是综合运用各种管理措施对服务流程中出现的偏差行为进行反馈并纠偏,其重要性对温泉企业的管理来说毋庸置疑。能否成功处理顾客的投诉,并借此逐步完善企业的经营管理取决于企业能否建立一整套完善可行的投诉管理程序,并从企业的高层管理者到基层的一线员工都能够切实地贯彻执行。

具体的投诉管理的程序如下:

1. 未雨绸缪阶段——避免和预防服务失误

预防服务失误形成零缺陷文化,尽可能保证"第一次就把事情做对"对温泉企业的服务至关重要。虽然投诉不可能完全消除,但预防是关键。服务接待企业的目标是让每个顾客满意,寻找改进服务的方法,通过培训,让员工充分理解顾客利益对企业的价值,做好时刻为每位顾客提供超前式的优质服务的准备,尽可能减少顾客的不满,提高顾客忠诚度。为此,管理层应重点加强对文化氛围的营造、服务人员的培训和授权。首先,努力营造零缺陷服务文化和正确认识投诉、善待顾客投诉的企业文化,企业应鼓励顾客投诉,服务人员应正视投诉。其次,注重提高员工的综合素质,有计划地对进行员工培训,提高员工凝聚力和满意度。最后,要明确职责,合理分工,培养员工的责任心,适当授权,让不同层面的员工知道自己的工作权限,特别加强对一线员工的授权力度,实行首问责任制,由与顾客接触的第一个人负责顾客问题的解决。

2. 接受确认阶段——平复顾客心情

(1)接受投诉。如果投诉在服务过程中发生,要迅速受理,充分补救,绝不拖延;若投诉在服务完成后发生,要充分估计解决问题需要的时间。投诉处理的目的不仅仅是避免给温泉企业带来麻烦,更重要的是通过有效处理投诉,挽回顾客的信任,赢得更多的忠诚顾客。

(2)倾听投诉。投诉问题不论大小,都应耐心、冷静、仔细地倾听,表现出对客人的礼貌、尊重,给顾客一个宣泄不满和委屈的机会,来释放心里积压的不满情绪,让客人慢慢平静下来。同时可以不断点头说:"嗯。"不要让顾客觉得是在敷衍他。在倾听后,要充分道歉,真诚地说:"对不起。"顾客的对错并不重要,重要的是该如何解决问题而不让事态蔓延。

(3)记录确认。在倾听的同时,要认真填写好投诉记录单。写清客人投诉的

---

① 本段内容主要参考刘太萍《饭店顾客投诉管理循环链分析》[J]《商场现代化》2007 年 4 月(上旬刊)总第 499 期 139 – 140 之内容,有删改。

要点、细节,并适时复述,感谢他们对本企业的关心与支持,以缓和客人情绪。然后重复顾客叙述的情况,告诉顾客,你已经了解了他的问题,并请他确认是否正确。

3. 平息处理阶段——快速行动

(1)追本溯源,分析投诉原因、归纳投诉类型。顾客投诉主要表现在对硬件和软件的投诉上。以温泉企业的餐饮为例,硬件投诉包括餐厅设施不完善、有故障、设计不当,所提供的产品不能满足顾客的基本期望或超出顾客容忍限度,如顾客发现桌布或餐具上有灰尘或污渍,没有给客人提供足够的菜式以供选择,等等。软件投诉主要包括服务过程中的失误、员工对顾客需求反应不及时以及服务意识和服务技巧不到位,如客人进入餐厅,服务人员没有微笑迎接或跟客人打招呼、装束不整齐、欠缺礼貌用语,等等。分析不同类型的投诉,对顾客投诉的问题进行调查,找出原因。如果顾客投诉的是食物不卫生、变质、有异味/异物等问题,温泉企业应立即派人到用餐现场了解情况。

(2)提出解决方案,并及时上报。针对问题产生的原因,在充分征求顾客意见的基础上,提出合理可行的解决方案,并将解决方案告知顾客。对难以处理或超出受理人员处理权限的问题,应及时上报有权处理的领导出面协商,不可遗漏、隐瞒材料,尤其是涉及个人自身利益,更不应有情不报。

(3)快速解决。请顾客参与解决方案的制订,给顾客选择的机会。对于顾客不能接受的处理方案,要通过协商予以解决,直到最终达成解决方案,并将该方案付诸实施。不管是退单、更换、补偿还是赔偿,温泉企业都应在第一时间完成,让顾客切实感受到诚意。需征求领导意见的,要及时把方案告知客人,暂无法解决的或处理时间较长的,应向客人致歉,并说明处理的流程、时间跨度,并定时向客人报告工作进度,请求客人谅解,不能无把握、无根据地向客人保证。

4. 反馈总结阶段——从投诉的顾客身上学习

(1)感谢顾客并跟踪服务。感谢顾客的内容包括感谢顾客的投诉,让温泉企业有发现问题、了解到自身不足的机会;让顾客知道温泉企业会努力改进工作,同时希望得到顾客对温泉企业的继续帮助和支持等。在答谢后,温泉企业还要指派负责处理该顾客投诉的人员进行跟踪服务,并通过 E-mail、信函、登门拜访、电话把处理结果和进度及时向顾客反馈,并及时调查顾客的满意度。

(2)学习评估,防患于未然。定期对顾客投诉问题进行总结评估,分析是组织内部结构的问题还是食物、服务的问题,并提出预防改进措施。同时把评估及跟踪反馈的处理结果及措施纳入员工培训内容中,并可在每日例会上由主管告知提醒员工,引起注意。若意义、影响重大的,可临时召开员工大会传达,紧急培训。

【案例分析】

上述两个案例反映了以下两个问题：

第一，导致客人投诉的怨气是逐步累积的，案例中的李女士招待的客人比较重要，所以希望引起温泉企业的重视，刚进休息厅没人服务时，已经开始有怨气，之后到第一个按摩区没房，让怨气进一步积累。到第二个按摩区后没有按摩师最终到达了容忍与爆发的临界点，引起投诉。

第二，与客人的沟通要讲究方式方法，案例中客人有违反浸泡温泉规定的做法（未穿泳衣下池，服务人员对其进行劝阻，客人表示不理解，继续站在池内），这时候另外一位服务员的出现不但没有平息这一矛盾，反而将其激化。（该服务员想婉转说明泡温泉必须穿泳衣的道理，便说："你要在中式餐厅内点西餐可以吗？"）

以上两个案例都比较具有典型性。对于温泉企业来说，通过优质的服务使顾客满意是温泉企业价值创造的核心，而顾客的满意需要以对客服务流程各个环节的优质服务作保证。同样的，客人对温泉企业的不满也大都不是一时产生的，很多投诉都爆发于怒气的临界点，所以对于温泉企业来说，不能仅仅关注发生直接投诉的服务环节，应该在出现问题之后系统地梳理服务流程的各个环节，妥善处理投诉。此外，对客服务要讲究艺术性，出现矛盾后以疏导为主，千万不要和客人较劲，不然只能适得其反激化矛盾。

这两个案例给我们以下几点启示：一是不管现场多忙多乱，都不要忽视任何一个客人，即使不能及时服务也要和客人打招呼稳住客人，请客人稍等一下。二是不要盲目答应和向客人承诺。比如发现持有套票的客人，首先应该先去现场询问有无按摩房和按摩师，之后再给客人安排。三是给客人面子，让其有台阶下，微笑、道歉和主动承认错误是最好的处理态度。四是迅速给予客人解决方案。

【思考与讨论】

1. 你认为投诉管理对温泉企业的价值体现在哪些方面？
2. 服务企业是不是尤其要重视投诉管理？为什么？
3. 企业的投诉管理应包含哪些内容？

八、标准化管理

【案例一】广东省地方标准——温泉旅游服务规范(Hot Spring Tourism Service Criterions)①

1. 范围

本标准规定了温泉旅游水资源利用要求,服务项目要求,功能区域与设施、设备要求,安全要求,卫生要求,服务人员要求,服务质量监测与持续改进及其他要求。

本标准适用于温泉旅游服务业。

2. 规范性引用文件

下列文件中的条款通过本标准的引用而成为本标准的条款。凡是注日期的引用文件,其随后所有的修改单(不包括勘误的内容)或修订版均不适用于本标准,然而,鼓励根据本标准达成协议的各方研究是否可使用这些文件的最新版本。凡是不注日期的引用文件,其最新版本适用于本标准。

GB 9663 旅店卫生标准

GB 9664 文化娱乐场所卫生标准

GB 9665 公共浴室卫生标准

GB 9666 理发店、美容店卫生标准

GB 9667 游泳场所卫生标准

GB 9668 体育馆卫生标准

GB 9669 图书馆、博物馆、美术馆、展览馆卫生标准

GB 9670 商场(店)、书店卫生标准

GB 9671 医院候诊室卫生标准

GB 9672 公共交通等候室卫生标准

GB 9673 公共交通工具卫生标准

GB/T10001.2 标志用公共信息图形符号 第2部分:旅游设施与服务符号

GB/T 14308 旅游饭店星级的划分与评定

GB16153 饭馆(餐厅)卫生标准

GB/T18971 旅游规划通则

LB/T001 旅游饭店用公共信息图形符号

① 该标准于2006.3.16发布,2006.7.1实施(对原标准有节选)

3. 术语和定义

下列术语和定义适用于本标准。

3.1 沐浴温泉 hot spring of bath

水温高于或等于40℃,含有对人体有益微量元素的地下温热水或出露泉。

3.2 温泉旅游 hot spring tourism

以沐浴温泉为主要内容,体验温泉、感悟温泉文化为主题,达到养生、休闲、度假目的的旅游活动。

4. 温泉水资源利用

4.1 温泉旅游规划应以温泉旅游资源为基础,符合 GB/T 18971 的要求。

4.2 开发和使用温泉资源应取得县级以上政府主管部门颁发的采矿许可证、取水许可证、安全生产许可证等有效证明。

4.3 应充分了解温泉水资源的水温、泉质、功效等信息,合理利用。

4.4 沐浴温泉水资源的利用应依据可持续发展的原则开采。

5. 服务项目

5.1 应提供与温泉旅游相适应的旅游服务项目,以达到养生、休闲、度假目的。对所提供的服务项目进行策划,确保服务的质量。

温泉旅游业应提供的服务项目:

——以体验温泉文化为主题的沐浴温泉活动;

——围绕温泉开展的各项文化或康体活动;

——提供餐饮、客房、购物、娱乐等活动项目;

——有关沐浴温泉知识的介绍;

——介绍并提供各式温泉产品。

【案例二】国家标准(非终稿)

温泉企业服务质量等级划分与评定(Classification & accreditation for service - rated hot spring enterprise)①

前 言

本标准按照 GB/T 1.1—2009 给出的规则起草。

本标准由中华人民共和国国家旅游局提出。

本标准归口全国旅游标准化技术委员会(SAC/TC 210)。

本标准起草单位:中国旅游协会温泉旅游分会、云南省旅游业协会 SPA 与温泉分会、昆明市温泉旅游协会、广东温泉行业协会、重庆旅游协会温泉旅游分会、海南

① 中华人民共和国国家旅游局发布 2011 - 02 - 01 发布 2011 - 06 - 01 实施(对原标准有节选)

省旅游协会温泉分会、湖北省旅游协会温泉旅游分会。

引 言

随着国民经济的发展和人民生活水平的提高，消费者享受休闲、度假、养生等康体需求增加，温泉旅游业发展速度快，并形成了一定规模的市场，成为与民生紧密相连的新型产业。《温泉企业服务质量等级划分与评定》是为规范温泉旅游市场秩序，全面提升温泉旅游的管理水平和服务品质，营造低碳生态突出、文化魅力独特的温泉旅游产品而制定的中华人民共和国旅游行业标准。

本标准以科学发展观为指导，以引导温泉旅游行业健康发展、促进市场繁荣和规范秩序，不断满足消费者日益增长的健康旅游发展需求为目的，在综合云南省、广东省、广西壮族自治区、重庆市等地方标准的基础上，既充分体现全国温泉行业的共性特征，又具有行业引领性及适用性。

温泉企业服务质量等级划分与评定

1 范围

本标准提出了对温泉企业的泉质要求（包括泉质的分类及其辅助医疗作用）、温泉水质卫生要求和经营场所的空气质量的要求，明确了星级的划分条件、服务质量和运营规范要求。

本标准适用于正式营业的各种温泉企业。

2 规范性引用文件

下列文件对于本文件的应用是必不可少的。凡是注日期的引用文件，仅所注日期的版本适用于本文件。凡是不标注日期的引用文件，其最新版本（包括所有的修改单）适用于本文件。

GB/T155 原木检验材质评定

GB/T 5750.2 生活饮用水标准检验方法 水样的采集与保存

GB/T 5750.4 生活饮用水标准检验方法 感官性状和物理指标

GB/T 8538 饮用天然矿泉水检验方法

GB9663 旅店业卫生标准

GB9665 公共浴室卫生标准

GB9666 理发店、美容店卫生标准

GB9670 商场（店）、书店卫生标准

GB/T 11615 地热资源地质勘查规范

GB11742 居民区大气中硫化氢卫生检验标准方法

GB/T 13727 天然矿泉水地质勘探规范

GB/T 14308 旅游饭店星级的划分与评定

GB/T 14582 环境空气中氡的标准测量方法

……

3 术语和定义

下列术语和定义适用于本文件。

3.1 温泉 hot spring

从地下自然涌出或人工钻井取得且水温≥25℃，并含有对人体健康有益的微量元素的矿水。

3.2 冷泉 cold spring

从地下自然涌出或人工钻井取得且水温＜25℃，并含有对人体健康有益的微量元素的矿水。注：温泉和冷泉均是指天然矿水。

3.3 温泉企业 hot spring enterprise

利用温泉资源，并具备相适合的设施设备和环境条件，以温泉服务为主，并提供健康理疗、住宿、餐饮、会务、休闲、度假等相应服务的经济组织。包括温泉酒店、会所、度假村、疗养院、洗浴中心、温泉旅游小镇、温泉旅游度假区、温泉城等各类温泉企业。

3.4 温泉服务 hot spring service

以温泉（含地热蒸气、矿物泥或冷泉）为载体，以沐浴、泡汤和健康理疗为主，提供参与、体验和感悟温泉养生文化的相关产品，达到休闲、疗养及度假等目的的服务。

4 星级划分及标志

4.1 用星的数量表示温泉企业的等级。温泉企业星级分为五个级别，即一星级、二星级、三星级、四星级、五星级。最低为一星级，最高为五星级。星级越高，表示温泉企业的档次越高。

4.2 星级标志由中国地图、温泉地理图形和五角星图案构成，用一颗五角星表示一星级，两颗五角星表示二星级，三颗五角星表示三星级，四颗五角星表示四星级，五颗五角星表示五星级。

4.3 星级的标牌、证书由全国旅游温泉企业质量等级评定机构统一规定。

5 总则

5.1 申请星级的温泉企业应具有由相关资质机构编制的地热资源勘查报告、温泉地热水资源综合利用专项规划、环境保护及地质灾害评估等专项规划，并符合有关法律、法规、标准的规定与要求。

5.2 星级温泉企业的建筑、附属设施设备、服务项目和运行管理应符合国家现行的安全、消防、卫生、环境保护、劳动合同等有关法律、法规的规定与要求。

5.3 各星级划分的必备项目见附录A，各星级温泉企业应逐项达标。

5.4 温泉水质感官与理化指标按附录B的指标作出评价。温泉水质卫生要求按附录 B 的指标作出评价。

5.5 温泉的泉质分类及辅助疗效应符合 GB/T 11615、GB/T 13727 和附录 C 中的相关要求。

5.6 室内温泉场所空气质量要求按附录 D 评价表的指标作出评价。

5.7 星级温泉企业设备设施的位置、结构、数量、面积、功能、材质、设计、装饰等评价标准见附录 E。

5.8 星级温泉企业服务质量、清洁卫生、维护保养等评价标准见附录 F。

5.9 一星级、二星级、三星级温泉企业是以沐浴康体为主,评定星级时应对泉质、卫生安全和温泉服务进行重点评价;四星级和五星级温泉企业是以优质温泉为核心的综合配套型企业,评定星级时应对温泉企业的服务进行全面评价。

注:1 符合条件的温泉企业宜参加 GB/T 14308 的饭店星级评定。

2 符合条件的温泉企业宜参加 GB / T 17775 的景区 A 级评定。

5.10 倡导绿色设计、清洁生产、节能减排、绿色消费的理念。

5.11 星级温泉企业应增强对突发事件的应急处置能力,突发事件处置的应急预案作为各星级温泉企业的必备条件。评定星级后,如温泉企业营运中发生重大安全责任事故,所属星级将被立即取消,相应星级标志不得继续使用。

5.12 评定星级时不应因某一区域所有权或经营权的分离,或因为建筑物的分隔而区别对待,温泉企业内所有区域应达到同一星级的质量标准和管理要求。

5.13 温泉企业开业一年后可申请评定星级,经相应星级评定机构评定后,星级标志有效期为三年。三年后应进行重新评定。

6 温泉泉质要求

6.1 基本要求 温泉的泉质分类及辅助疗效应符合 GB/T 11615、GB/T 13727 和附录 C 中的相关要求。

6.2 添加辅料的要求

6.2.1 应在未添加辅料前对泉质进行检测认证。

6.2.2 添加辅料后的泉质应符合附录 B 的相关要求。

6.2.3 使用辅料应避免与温泉中的成分冲突。

6.3 加热要求

6.3.1 在不改变温泉的成分和含量的前提下,可对温泉加热。

6.3.2 不应加入河水、普通井水或自来水等和冷泉一起加热。

6.4 降温要求

6.4.1 应采用热交换或自然降温的方法。

6.4.2 不应加入河水、普通井水或自来水等降温。

6.5 其他要求

6.5.1 除适用的消毒剂外，不应加入化学添加剂。

6.5.2 在不改变泉质的情况下，宜对温泉水进行循环使用。

6.5.3 五星级泉质成分应达到有医疗价值浓度，且泉（井）口水温应≥50℃，或泡池水温应≥40℃。

6.6 检验要求及检验内容

6.6.1 应同时对泉（井）口和各种泡池的泉质进行检测认证。

6.6.2 应分别公示泉（井）口和各种泡池的泉质、类型、温度及辅助疗效。

6.7 泉质认定标准及检测机构要求

6.7.1 温泉的泉质应以经营者获得使用权后所提交的温泉水质检验报告（成分及含量）为依据。检测机构应是省级国土资源部门指定的，且具有国家认证监督管理委员会资质的专业机构。

6.7.2 含有氡等放射性元素的温泉，还应由具有相关专业资质的检测机构另做检测认证，并出具相关专项检验报告。

（略）

【相关知识】

1. 标准化对企业的重要意义

企业标准化是企业组织现代化生产、进行科学管理的重要手段之一，对促进企业技术进步、提高科学管理水平和产品质量起着十分重要的作用，是企业组织生产、经营、管理的一项基础工作。企业的生命在于质量，质量的保证在于科学管理，而科学管理的一个重要内容和方法就是标准化。它使企业从生产到经营，从企业领导者到各级人员以及各个部门、各个环节都有组织、有计划地按企业标准化的有关规定运作，从而达到企业生产经营活动的合理化、高效率、高质量，使企业增强竞争力，获得更大的经济效益。标准化的实质就是科学化、规范化、经济化。标准化还是一个过程，是一个制定、执行和不断完善标准的过程，是一个不断提高质量、提高管理水平、提高经济效益的过程，是一个塑造企业灵魂的过程，是一个不断优化、不断完善对象和自身的过程，是一个可以使企业获得持续协调发展的过程。

2. 标准化对服务企业发展的作用

（1）形成服务业发展的制度环境

目前，我国服务业发展中存在的突出问题是尚未形成服务业发展的制度环境。制度的缺失，必然导致市场运行的混乱，引发高昂的经济和社会成本，以至于造成服务行为无章可循，消费者的权益被侵犯。服务标准是市场正常运行的“润滑剂”。通过制定服务标准、准入条件、准入程序以及管理监督方法，形成服务业发展的制度环境。良好的制度环境，不仅有利于激励有资质的企业进入市场经营，形成有序的竞争环境,降低交易成本,而且,可以通过市场准入制度的"筛选"功能,优化资源配置,减少资源浪费。

(2)促进服务贸易

我国已成为世界贸易组织的正式成员,逐步开放的服务业领域包括银行、保险、证券、电信、旅游等。在服务贸易相关问题的谈判中,重点之一就是服务贸易标准化问题。所谓服务贸易标准化,就是服务贸易自由化要建立在符合标准的基础上进行,即对服务提供者和服务产品要建立质量规范,以约束服务贸易行为。

(3)全面提高服务质量

我国服务企业尚未接受标准化的管理模式,而世界上一些知名的服务企业都已采用了标准化管理。例如,麦当劳的 QSC(质量、服务、清洁)管理标准。服务企业采用标准化管理,能充分利用企业的现有资源,满足顾客的不同需求,实现服务质量控制,生产出优质的服务产品。目前,我国服务业从业人员的职业素质偏低,也是服务质量管理水平提高的制约因素之一。

【案例分析】

中国的温泉旅游产业发展近年来突飞猛进,但温泉旅游却一直没有统一的标准和规范。温泉旅游产业缺少一套可行的从资源开发规划、产品设计到服务规范、卫生指标、安全防范等方面的标准化系统。温泉旅游拉动内需高速发展的同时也凸显了新兴产业亟须被关注的缺位现象——"一流资源、二流开发、三流服务"的粗放型增长方式,将影响中国温泉旅游产品的档次,制约温泉旅游企业素质品位的提升。标准化系统不仅仅是一种有形的产品或技术,更为消费者树立了对产品的信心,进而拓展了市场。所以,推广温泉旅游企业标准化建设是保护消费者利益、规范市场竞争、保障市场健康有序发展的一项前瞻性举措。

从本文案例《广东省地方标准——温泉旅游服务规范》来看,该标准填补了中国温泉旅游领域的一项空白,因而在很多环节都带有里程碑式的意义。但是应该指出的是,以御温泉牵头起草的该服务规范带有较强的地域性与地方色彩,比如 3.1 条对水温的要求:"水温高于或等于 40℃。"考虑到地理因素所导致的气候因素,40℃以上的温度显然比较苛刻,且不论能否上升到国家标准,单是在广东省,这一对温度的要求也略显偏高。此外,3.1 条中更是增加了"对人体有益微量元素的地下温热水或出露泉"这第二个限定条件。相比较而言日本的《温泉法》中对温泉的界定就比较宽泛:"地下涌出的水温高于 25℃的热水,或者即便没有达到 25℃,但在成分上满足规定的十九个项目中的任何一项,就可称为温泉。"因此,标准制定的严与宽,对温泉旅游的影响和作用、对消费者的权益保护等,仍然是一个仁者见仁、智者见智的课题。

随着中国温泉旅游事业的蓬勃发展，国家旅游局在综合云南省、广东省、广西壮族自治区、重庆市等地方标准的基础上，委托中国旅游协会温泉旅游分会、云南省旅游业协会 SPA 与温泉分会、昆明市温泉旅游协会、广东温泉行业协会、重庆旅游协会温泉旅游分会、海南省旅游协会温泉分会、湖北省旅游协会温泉旅游分会共同起草了中国温泉行业的国家标准——《温泉企业服务质量等级划分与评定》，该标准既充分体现全国温泉行业的共性特征，又具有行业引领性及适用性。

快速发展的行业一般都会经历不规范的相对无序的发展阶段，温泉旅游行业显然属于此类。温泉资源的不可再生性，决定了对其的开发要在合理和可持续的前提下进行。国家标准的出台，对各地方的温泉度假村建设、温泉资源开发起到了良好的规范和指导作用，有利于我国温泉旅游行业长期健康有序地发展。

【思考与讨论】

1. 你觉得当前温泉旅游开发及管理中存在哪些问题？
2. 温泉旅游的标准化管理从国家的宏观层面到企业的微观层面都体现在哪些方面？在温泉企业中如何贯彻宏观层面的国家标准？

九、危机管理

【案例一】日本"自来水温泉"欺诈八方客[1]

日本人喜欢泡温泉全世界闻名，近些年来日式旅馆泡温泉成为日本旅游的主打产品。在这样的外部环境下，开发温泉的人越来越多，竞争也趋于白热化。温泉经营业主采用两种方法应对：一是用热自来水假冒热温泉水；二是循环利用，即改变过去一客一水的做法，而对温泉水加热循环利用，即使是一些著名的温泉旅馆也是如此。

上述做法破坏了日本温泉的形象，美联社援引日本公平贸易委员会的调查结果说，目前日本仅有三分之一的温泉旅馆使用的是纯正、未加稀释的天然温泉水。另外，日本宫崎在 2002 年曾曝出 7 名游客因使用了循环的温泉水而感染军团病死亡的丑闻。

为了杜绝"假冒"温泉，日本环境省要求所有的温泉业主都必须向客人提供自家温泉化学分析结果。与此同时，日本温泉气候物理医学会也提出，可以为全国 2.3 万家温泉提供检测，确定哪些温泉的确有医学疗效，哪些温泉对人体并无益处。24 岁的细村加柰子对此表示支持，她说："我喜欢去泡温泉，可是老听说假温泉丑闻，如果不澄清，再去的时候，人们都会三思。"

日本温泉观光协会也表示欢迎，但对如何落实并不热心，该协会的理由是担心这种测试的费用太高，将迫使一些温泉关门。协会工作人员寺田彻说："检测这主意很好，因为现行法律只要求温泉每 10 年检测一下水质，日常测试将让客人们对温泉有信心。不好的是，业主要为这项检测支付 10 万日元(约合 835 美元)。"

【案例二】北京市卫生局公布九华等 7 家单位温泉水细菌超标[2]

2007 年 6 月 12 日，市卫生局公布了近期对北京部分洗浴场所温泉水质的抽检情况。龙脉温泉、九华等著名洗浴场所不合格。

北京龙脉温泉疗养院、北京红栌山庄渔业有限责任公司、北京市昌平区华能培训中心、北京金隅凤山温泉度假村、北京九华国际会议服务中心有限公司、北京城建集团总公司北苑宾馆等 7 家温泉水细菌总数超出卫生标准，主要原因是水质不消毒或消毒不彻底，直接影响了水质卫生状况。对此次抽检不合格的单位，卫生行

① 资料来源：2007 年 03 月 05 日 15:37:44 北京晚报，对原新闻有修改

② 资料来源：2007 年 06 月 13 日 08:16《北京晨报》

政部门已做出限期整改要求。

九华方面昨天称对此事并不知情，温泉水是24小时循环水，并且定期换水，水质应该有保证。温都水城也表示并不了解此次抽检。

【案例三】某温泉度假村危机事件处理预案内容

1. 建立应急组织，明确各应急组织和人员的职责；

建立坚强有力的应急组织是落实事故应急处理预案的关键。健全的应急组织应包括处理应急事故的领导机构、专业和自愿救护队伍以及医疗、后勤、保卫等其他必要的机构和人员。

2. 危机事件的发现与报告制度；

3. 保证通信联络畅通；

4. 保证足够的救灾器材与设备；

5. 有关安全通道与安全出口的要求：包括设置足够的出口以及辅助的安全设施；

6. 自救与救护的规定：培训救护人员，加强各部门救护知识的普及；

7. 成立专业应急组织——救护队。

【相关知识】

旅游危机通常是由各种不确定的因素或者突发性的重大事件（如自然灾害、急性传染病、战争、恐怖袭击、各类安全事故以及经济危机等）所引发的，且往往会导致旅游业遭受重大的损失以及长时间难以彻底根除的后续消极影响①。世界旅游组织（WTO）给出以下定义，即旅游危机是指影响旅行者对一个目的地的信心和扰乱旅游业继续正常经营的非预期性事件②。

依据危机产生的动因将其划分为自然危机与人为危机，或者按照危机的影响范围将其划分为国际危机、国内危机、产业危机和企业危机。本文的危机管理主要指温泉企业层面的危机。对于温泉企业来说危机管理是指该企业应对危机的有关机制。具体是指企业为避免或者减轻危机所带来的严重损害和威胁，有组织、有计划地学习、制定和实施一系列管理措施和因应策略，包括危机的规避、危机的控制、危机的解决与危机解决后的重建等不断学习和适应的动态过程。危机管理就是要在偶然性中发现必然性，在危机中发现有利因素，把握危机发生的规律性，掌握处

---

① 马骏，沙润．论旅游业危机管理体系的构建[J]．经济师，2004，(6)：120－121

② 世界旅游组织．旅游业危机管理指南[EB/OL]．http：//www・casstourism・com/new1/read・asp？id＝145，2004－4－13/2007－5－27．

理危机的方法与艺术，尽力避免危机所造成的危害和损失，并且能够缓解矛盾，变害为利，推动企业的健康发展。

有学者提出危机管理6F原则：

(1)Forecast(事先预测)原则："防火"胜于"灭火"。当危机发生以后，对公众利益的伤害和企业组织形象的损失往往已经造成。这时再尽力去"补救"，是作为"消防员"在挽回损失。因而，对于任何组织和个人，最大程度减少危机损失和影响的做法便是避免危机的发生。

(2)Fast(迅速反应)原则：从危机事件本身特点来看，危机事件爆发的突发性和极强的扩散性决定了危机应对必须要迅速、果断。危机的发展具有周期性，包括酝酿期、爆发期、扩散期和消退期。与之相对应，危机的破坏性往往随着时间的推移而呈非线性爆炸式增长。因此，越早发现危机并迅速反应控制事态，越有利于危机的妥善解决和降低各方利益损失。

(3)Fact(尊重事实)原则：任何组织在处理危机过程中，都必须坚持实事求是的原则，这是妥善解决危机的最根本原则。犯了错误并不可怕，可怕的是不敢承认错误。从危机公关的角度来说，只有坚持实事求是，不回避问题，勇于承担责任，向公众表现出充分的坦诚，才能获得公众的同情、理解、信任和支持。

(4)Face(承担责任)原则：危机发生后，公众关注的焦点往往集中在两个方面：一方面是利益的问题，另一方面则是感情问题。无疑，利益是公众关注的焦点。危机事件往往会造成组织利益和公众利益的冲突激化，从危机管理的角度来看，无论谁是谁非，组织应该主动承担责任。

(5)Frank(坦诚沟通)原则：危机管理中的Frank原则是指处于危机中的企业组织要高度重视做好信息的传递发布并在组织内外部进行积极、坦诚、有效的沟通公关，充分体现出组织在危机应对中的社会责任感，从而为妥善处理危机创造良好的氛围和环境，达到维护和重树形象的目标。

(6)Flexible(灵活变通)原则：危机管理，既是一门科学，又是一门艺术。从危机事件爆发前的预防到危机事件发生后的应对和危机后期处理环节，既要遵循一些危机管理的基本程序和规则，又无绝对统一的模式可以照搬。

【案例分析】

上述三个案例从不同侧面反映了危机管理在经营温泉度假产品中的重要作用。第一个案例中日本的温泉产品由于卫生状况不佳，导致了"7名游客因使用了循环的温泉水而感染军团病死亡"的重大事件，社会舆论对此普遍关注，日本的温泉度假产品形象面临着巨大的信任危机。在这样的紧要关头，政府以及行业协会发挥了重要作用。通过规范质量要求、加强质量监督与公示等措施在一定程度上挽回了日本温泉的形象。日本温泉的监管部门敢于面对事实，不回避问题，并着力解决问题，制定切实有效的措施使已经发生的危机的危害减少到了最低。对应危机管理的6F原则，则体现出了“尊重事实”和“承担责任”的原则。第二个案例中，北京的多家温泉企业在卫生部门检查中暴露出了卫生安全隐患并被公示之后不仅没有在第一时间坦诚地与公众进行沟通，更没有主动地承担责任并提出相应的整改措施，从而在第一时间失去了赢得公众的信任的机会，使自己在错误的道路上渐行渐远。

在第三个案例中，某温泉度假村能够制定详细的危机处理预案，体现出了危机应对的预见性原则。从编制的预案可以发现其对于发生危机的各个环节做出的事先预测和分析还是比较全面的，并且危机预案和计划是全面、可行的。充分有效的危机预防应该是危机管理的最高境界。因为当危机发生以后，对公众利益的伤害和企业组织形象的损失往往很难挽回。因此，管理者们应该树立未雨绸缪的意识，及早发现危机的端倪，防患于未然。

【思考与讨论】

1. 你认为危机管理在温泉企业中是否重要？有效的危机管理应该包含哪些内容？

2. 温泉企业的管理者应该树立怎样的危机意识？

十、餐饮管理

【案例】珠海御温泉的餐饮创新

1998年，珠海御温泉度假村开业，以天然温泉、中国文化为基础，开发出数十种温泉，建成盛唐改良风格的唐房，提供田园特色餐饮和斗门地方性风味膳食，独具可以带来奇特体验的太医五体，由此开创了中国温泉旅游产业。

小汤镇是御温泉探索温泉产品创新的一个有效的载体。小汤镇依古镇风格而建，外高塔耸立，内亭台楼榭，泉池与翠竹相映，层次分明，节奏轻缓，色调清新，宛如自然水墨画，悠然而出。以泉为核心，追崇的是一种自然意境，也为小汤镇带来了生机与活力，带来了一种超越的闲适与雅致。游客来这里，不仅能体验到温泉养生的怡心，还能领略独具岭南气息的特色建筑与园林的古风古韵，感受一种自然、纯粹的生活状态。

特色的小吃街融汇了小汤镇浓郁的汤镇文化，这也正是小汤镇的餐饮创新。餐饮创新不仅仅是满足了游客的胃，更应该是满足游客的心理需求。以文化的因素感染游客，自然更能拨动游客心中的那条弦。

一、餐饮设施的多样化：小汤镇拥有高档优雅的王府西窖西餐厅、四川口味的川菜久大桶、新加坡和马来西亚等地风味的亚洲料理、集各种焖炖小吃于一体的私房菜以及卖各种牛肉丸、蒸白蚬、糕点等的美食一条街。

二、就餐方式的灵活化：游客除了可以坐在餐厅内享受西餐、川菜、亚洲料理、私房菜以外，还可以在小食档上买下食物，边与心爱的人欣赏镇内的夜景，边享用小吃。与此同时，镇上的食物，如果客人有需要，也可以带到房间内享用。

三、餐饮经营时间的灵活化：小汤镇小食坊所经营的粥、粉、面档实行24小时营业，王府西窖西餐厅的营业时间为早上十点到凌晨两点，晚上八点到凌晨两点汤镇内食肆全部开放。这一切都是为了保证游客在不同时间段的饮食需求。

四、餐饮功能多样化：原汁原味——王府西窖的冰淇淋，以新鲜水果为原料，再加上少许糖后直接放雪糕机上加工而成；小汤镇的芝麻糊，是纯手工磨制的，食品更接近食材原味，不添加化学调味料，原料的加工过程也只是煮过之后放烘面包机上再加工而已。这些都保证了客人的营养健康和安全。田园风味——久大桶的烤鱼、特色斗门蒸白蚬，这些都是度假村以自己养的鱼和白蚬为原材料，辅以传统农家做法，开发出的具有地方特色的田园风味套餐系列。滋补营养——为补充游客泡汤后消耗的体能，在菜品中可添加雪蛤、燕窝等名贵配料，使餐饮出品更为科学、营养、精良。食疗药膳——温泉度假酒店餐饮的开发还从中国传统的饮食文化入手，推出具有食疗作用的药膳系列，让游客排除体内毒素，从内到外焕然一新。私房菜推出的凤爪就是在烹制的过程中放入了许多药材。

五、餐饮服务多样化：与传统的餐饮服务相比，小汤镇这种客人走动性强的餐饮模式，给了游客较大的自主性。同时，小汤镇在传统的餐饮服务上又有所创新，如亚洲料理屋内，客人把要点的菜牌拿到自己的桌上，用木牌在桌上敲三下，店家小妹就会过来了。

【相关知识】

餐饮管理是酒店经营管理中极为重要的一环，也是酒店利润的主要来源。作为温泉度假村这类度假型的酒店来说，又需要结合度假客人的需求开发出具有特色的餐饮产品。

根据温泉度假地的定义、基本条件和要求，与商务型酒店比较，温泉度假地具有以下特点。

一、位置

商务酒店通常位于市中心或其他交通便利的地方，温泉度假地则位于拥有温泉旅游资源的度假地，而这些度假地往往较为偏僻。因此，在温泉度假地的周围，通常没有太多好的消费场所和服务设施，客人吃饭、娱乐和夜生活都必须依赖温泉度假地。这就要求温泉度假地必须能提供温泉沐浴、住宿、餐饮、娱乐、健身等多种综合服务功能。

二、客人

需要：温泉旅游者在温泉度假地逗留期间要参加各种各样的活动，因此度假地必须提供丰富的娱乐设施和活动，以充实客人的逗留安排。由于温泉的理疗效果是逐渐产生的，温泉旅游者必须在温泉中浸泡较长时间，而且还要经常重复才能保证疗效，因此，温泉旅游具有明显的重复性，客人的回头率较高。这些重复消费的客人往往把员工当作老朋友，所以好的温泉度假地应力图传达一种“宾至如归”的感觉，在那里客人成为酒店这个“大家庭”中的一员。

消费：与观光旅游者相比，温泉旅游者的消费较高。观光旅游的消费主要集中在观赏景物方面，旅游者除了购买门票之外，在观光旅游区的其他消费环节不多。温泉旅游以休闲、度假、健身、娱乐为主，其行为不依赖于观赏景物，而需要大量的疗养和娱乐设施，每一种设施的使用基本上都是付费的，这就使得温泉旅游者的消费较高。

三、设施

一个大型的温泉度假地不仅要有能借以扬名的温泉设施，而且还要提供一些基本的健身设施或其他娱乐设施，甚至需要大面积的场地来建设高尔夫球场、网球场、供欣赏自然用的散步小径等。维护和经营这些设施需要有专业化的管理，而其中所涉及的劳动力成本也极其昂贵。

四、服务

服务对象：商务酒店的服务对象主要是商务客人和观光客人。温泉度假地的服务对象是以放松、保健、休闲、娱乐为目的的度假旅游者和会议客人。

服务内容：商务酒店的服务以住宿、餐饮、商务为主，康体娱乐为辅。温泉度假地服务则以康体、休闲、娱乐为主，餐饮、住宿为辅，同时提供基本的商务服务，以满足会议度假者的需求。但这里需要强调的一点是，餐饮如果能与温泉度假地的沐浴文化相结合，同样可以成为拉动需求的一个新的吸引点。

服务特色：商务酒店采用的是一种商务型企业运作模式，服务突出标准化；温泉度假地的服务则突出个性化，强调健康、放松、享受、娱乐。

五、员工

员工服饰：商务酒店员工的服饰多为西装革履，庄重笔挺，等级分明。温泉度假地员工的服饰追求的是休闲、洒脱、亲切活泼，其款式、面料、色彩体现的是文化韵味和民族风情，消除客人的拘谨感。

员工业务技能要求：商务酒店的业务技能多集中于客房服务和餐饮服务；温泉度假地的服务技能范围较广，除了常规的客房、餐饮服务之外，还要掌握所设置的多项康体健身设施和娱乐活动的操作技能。

六、淡旺季

商务酒店的旺季多集中于商务活动比较集中的月份或重大事件发生的月份，节假日多为淡季。温泉度假地的淡旺季与商务酒店基本相反，温泉度假比较适合于在冬季进行，且越是节假日往往越是旺季。

七、建筑、设计与装潢

商务酒店追求相应星级的豪华气派、华贵浓重、一丝不苟、棱角分明，与都市风格相匹配。温泉度假地则大多采用古朴典雅的园林建筑风格，其建筑模式视度假地所在地的人文、地理、气候、民俗、民居建筑特色而定，不提倡贴金镶银、金碧辉煌，讲究淳朴简洁、回归自然。

结合上述温泉度假者的需求特点，我们认为温泉度假村的餐饮服务应做到以下几点：

一、餐饮设施多样化

在温泉度假酒店，用餐的方式应该是多种多样的，有快餐，有菜品齐全的正餐，等等，依用餐的时间、天气、用餐前后的活动和方便与否而各不相同。因此，温泉度假酒店通常要提供若干种餐饮设施供顾客选择。通过变换主题、推销方式、服务方式以及定价策略，从各大类中可以演变出来的餐厅种类可以说是无穷无尽的。如中餐厅可细化为分别提供川菜、粤菜、上海菜、杭州菜、东北菜等不同餐饮流派的餐厅；酒吧可与雪茄吧结合；饮料和小吃吧根据娱乐设施的具体情况，分水中吧、园林吧、池畔吧等形式。

二、就餐方式灵活化

温泉度假酒店强调的是不拘一格的就餐方式，不必要求客人端坐于餐厅酒吧之中，而是根据游客活动的规律，设计出更多形式灵活、不拘一格的就餐方式。

房内进餐：日本很多传统温泉旅馆至今保持着在房间用餐的习惯。房内进餐是强化温泉度假酒店的休闲理念及个性化服务的一个重要因素，高档的温泉度假酒店应提供24小时的送餐服务。

边缘餐饮：边缘餐饮是酒店在客人泡温泉、健身、娱乐甚至开会时提供的配套餐饮，讲究与客人活动的密切结合。如客人可以边泡温泉，边品尝地方风味美食：在健身时有各种饮料补充水分；会议期间有茶水以及中途休会时的茶点供应；娱乐时则有茶水、咖啡、点心和小零食等。

自然餐饮：将餐饮经营的空间向大自然延伸，如在自然气息浓郁的湖边、山坡提供露天烧烤，在茂密的树林中提供野餐项目。秀美的自然风光与随意的就餐方式相映成趣，客人不但能品味美食，更能感受自然、吃出野趣。

三、餐饮经营时间灵活化

就温泉客人的餐饮消费来看，呈现两种较明显的时段需求特征：一是温泉客人注重三餐饮食的平衡，因此早中晚时间段会依次形成三个主要的餐饮需求高峰；二是温泉客人休闲餐饮的需求较突出，一天中的任何时候都可能会出现休闲餐饮消费需求，尤其是下午2:00~4:00，晚上8:00以后等时段，往往是温泉客人社交、会友、商务洽谈的黄金时段，因此，在这些时段，温泉度假酒店可开发各类休闲餐饮，如供应各种风味小吃的小吃街、气氛热烈的烧烤美食啤酒廊、为夜泡温泉或夜间娱乐的客人提供的各种消夜等。如峨眉山天颐温泉乡都度假酒店，就有浓缩峨眉山“好吃街”饮食文化的烧烤美食啤酒廊。广东碧水湾酒店的小吃广场，可以让客人边泡温泉，边品尝山坑螺、石蛙粥等地方风味美食，而且小吃广场每天营业到凌晨2点，可为客人提供丰盛的消夜。

四、餐饮功能多样化

结合健康温泉，酒店相应推出的餐饮也应该是“健康至上”，以绿色食品配合健康沐浴。

原汁原味：食品更接近食材原味，不添加化学调味料，原料的加工过程避免或减少长时间高温油炸、烟熏、腌制，以保证客人的营养健康和安全。可以以清淡、天然的养生宴的形式推出。

田园风味：以当地无公害蔬菜、绿色环保瓜果或者围海养殖鱼虾为原材料，辅以传统农家做法，开发出具有地方特色的田园风味套餐系列。

滋补营养：为补充游客泡汤后消耗的体能，在菜品中可添加雪蛤、燕窝等名贵配料，使餐饮出品更为科学、营养、精良。

食疗药膳：温泉度假酒店餐饮的开发还可以从中国传统的饮食文化入手，推出具有食疗作用的药膳系列，让游客排出体内毒素，从内到外焕然一新。北京九华山庄根据清宫御膳的记载，挖掘其他史料整理出2000多个品种的药膳，配以宫廷御饮“五参汤”和宫廷御制药酒，可以强身健体、防疾祛病、养颜益寿。这些宫廷药膳成为了酒店的一大特色，海外素有“登长城，吃烤鸭，九华山庄品药膳”的说法。

此外，还可以设计出适合不同生理和病理人群的膳食。如针对糖尿病人的膳食、美容养颜减肥膳食、健脑益智膳食，高血压、心脑血管病人膳食等。

五、餐饮创新特色化

既然是温泉度假酒店的餐饮，当然还要体现出温泉的特色，围绕着温泉开发出能叫响招牌的温泉特色餐饮。

温泉泡餐：砌石为灶，挖坑为锅，沸泉为汤，做成无火的温泉“火锅”，游客三五成群地围坐，将鱼片、鸡块、猪排、蔬菜搁置其中浸泡，无火无烟，不消片刻，鲜嫩无比并且有特殊清香味的温泉餐天然而就。海南儋州的蓝洋温泉，便是以这样的温泉泡餐引来宾朋满座。

此外，一些温泉由于水温高达摄氏80度以上，加上含有多种微量元素，因此在其泉眼浸泡的鸡蛋或鹌鹑蛋的蛋黄嫩熟而蛋白呈半固体状，吃起来味道非常鲜美且营养丰富。

温泉风味菜式：如将“温泉鸡”、“温泉猪手”等风味菜式做成酒店的招牌菜，而且“只此一家，别无分店”。

六、餐饮服务多样化

由于温泉度假酒店的餐饮项目比商务酒店要更加复杂，既有正规的餐厅，更有形式灵活的其他餐饮方式，因此在餐饮服务上也呈现出多样化的特点。

正规餐厅：

在酒店内的主餐厅、西餐厅，餐饮服务不仅必须提供客人想要的食品和饮料，而且必须保证让客人高兴，避免任何会破坏就餐雅兴、让人烦恼的事，比如过大的音乐声或盘子碰撞声。餐厅服务员的热情友好相当重要，这会让客人放松、尽情就餐。餐厅服务员还必须具有丰富的餐饮知识，尤其是对于温泉特色菜，服务员应了解菜肴的成分和烹饪过程、菜肴的式样等诸如此类的情况，以便向客人进行介绍。

由于温泉度假酒店的餐饮以健康、绿色为宗旨，在服务上也应制定绿色服务规范，倡导绿色消费，提醒客人适量点菜，提供剩余食品打包和存酒服务等。

非正规餐厅：

露天餐厅通常以烧烤为主，其乐趣尽在客人自己烧烤的过程中，因此在服务上主要是做好半成品的加工，以及相关场地和用具的出租服务。

客人如果选择草地或丛林野餐，餐饮服务只需根据客人需求准备好餐篮，里面有野餐所需的食物和用品，在客人进餐时则避免打扰，让客人拥有一个相对安静、不受外人打扰的私人空间。

在供应小吃、夜宵等休闲餐饮时，可以采取现场制作的方式，让客人看到食品的制作过程，并可根据自己的个人习惯决定食品的味道、火候等。

【案例分析】

御温泉小汤镇的餐饮创新符合了温泉度假者的需求，并且加以延伸，使很多度假者未曾表达的潜在需要得到了关照和满足，其成功的原因从理论上看可以总结如下：

一、餐饮服务超常化。它是一种在正常规范服务以外的额外服务。它超越了标准化、规范化服务的内容，提供了更加灵活的、迎合各类顾客需要的一种服务。如小汤镇亚洲料理屋中的餐饮服务，客人将想点的菜牌拿到自己的桌上，将木牌在桌上敲三下便会有员工过来为客人服务，这正是体现出了餐饮服务的超常化。

二、餐饮服务在标准化的基础上体现个性化。标准化是优质服务的第一步。所谓标准化即服务的规范化，从设备、设施、用品到服务程序和操作规程等，按照统一的要求和标准来执行。这对提高我国服务质量、确立服务信誉的观念起到了良好的作用。御温泉每一个部门都有自己的一套服务标准，各个部门都有自己的“六个一”服务亮点，这些标准在服务标准化上起到了很重要的作用。而个性化包括餐饮企业和顾客两个方面。就餐饮企业而言，要根据自身提供的设备、设施、企业文化、企业意识等建立起一整套独具个性的服务。小汤镇以浓厚的温泉沐汤文化为背景，并有特色地将餐饮融入其中。就顾客而言，个性化是指顾客在一定的社会和教育、文化的影响下逐步形成的相对稳定的个人特性。企业要根据顾客的这种个性提供服务。小汤镇的餐饮设施呈现多样化，与此相对的餐饮服务也呈现多样化，而这些多样化正是为了满足顾客个性化的需求。

三、餐饮服务优美化。服务要做到富有礼貌，语言优美、简洁明了，表情自然，仪表举止恰当，使顾客从服务中得到美的享受。每一个御温泉人都十分熟悉“四项基本礼仪”，这“四项基本礼仪”中已经提到了对服务优美化的要求。

四、餐饮服务超值化。就是用爱心、诚心、耐心向消费者提供超越其期望值的、超越常规的全方位服务。它是以顾客为导向，提供最满意产品和最满意服务。

五、餐饮服务超前化。包括两个方面：一方面指餐饮企业提供给顾客的服务应走在时代的前面；另一方面指将服务工作做在顾客提出要求之前。御温泉要求员工时刻关注客人的动向，争取在客人向员工提出要求前便满足客人的需求。

此外，御温泉还制定了严格的控制制度以保证餐饮服务质量，如：

一、每周顾客满意度的反馈

小汤镇针对自己一周的对客服务情况，向顾客发放宾客意见表．上面涵盖了给游客留下最深刻印象的菜式、对于服务的满意度、合理化的建议等。

二、每周进行感情化事例的统计

鼓励员工在对客服务过程中创立感情化事例。即在对客服务过程中做到“有需要帮到底”，最大限度地满足顾客的各种需求。感情化事例的多少在一定程度上也表现出了员工对客人个性化需求的关注度，以及员工的服务意识的强弱。

三、每周进行周运营分析

御温泉每周有一个助理级以上人员参加的晨会，会上将陈述一周的运营过程中所达到的成就及需改进的事项。会上公布一周来宾客对服务的满意度，感情化事例多的员工被评为“服务之星”，宣布经过安全、卫生、服务等综合质量大检查后发现的一些需要改进的问题。表现最好的部门领导坐在“先锋席”上，表现欠佳的部门领导坐在“加油席”上，以此来鞭策各部门的工作。

【思考与讨论】

1. 上述案例的餐饮创新给你什么启示？
2. 温泉企业的餐饮服务有什么特点？如何针对客人的需要设计餐饮产品？
3. 餐饮管理对温泉企业是否重要？为什么？

十一、预订管理

【案例】珠海御温泉的预订管理

御温泉主要有两个酒店——御瀛庄酒店和云来客栈，加上温泉区的9间御泉府邸，可售客房一共有363间。由于御温泉地处交通不十分方便的郊区，一般客人都会留宿，并且游客来之前都会致电咨询并提前预订房间。在销售旺季，御温泉的每个周末、国庆黄金周、圣诞节、元旦及春节黄金周中，客房的入住率都是100%，并且从内部的统计数据来看，90%以上的客房都是客人提前预订的。客人的预订方式有的是直接打热线电话，有的是通过网站，有的是通过旅行社。因此，御温泉在2009年成立了一个400信息预订中心，建立了御温泉的宾客预订系统。

御温泉400信息预订中心的主要工作职能：

(1)主要负责并接受有关散客和团体的电话、电传、传真、信函、网络等预订并处理，从而满足客人的消费要求。

(2)收取及处理各种外来及内部的传真、信函和文件，及时记录、分类、传递、归档。

(3)负责所有预订资料的存档，合理安排，做好相关统计报表等。

御温泉宾客预订系统的构成：

1. 热线预订电话

御温泉有独立的中央预订办公室，开通免费的热线电话服务，并利用计算机预订系统支持客房预订，而最重要的沟通方式就是预订电话，主要是提供咨询的功能。御温泉的热线电话主要有三个，广东省内的热线电话、全国热线电话、香港客源市场的热线电话。顾客通过电话可以咨询御温泉的相关产品信息，预订员通过电话向客人介绍公司消费项目、产品特色、价格标准等，满足客人的需求。如客人对产品信息有了解之后需要预订，则根据公司的预订状态，需要客人留下姓名、联系方式以及客人需要预订的内容，对已落实的预订单要整理、归类和跟踪。

2. 网络预订

(1)官方网站预订。御温泉建立了自己的官方网站。网站具备基本的信息，包括温泉区各汤池的介绍、酒店客房设施与服务、餐厅设施、宴会厅、会议厅、订房信息、促销活动等，另外也有相关的图片展示，首页下角清晰显示了地址、交通、联系方式等。顾客可以通过御温泉官方网站，了解御温泉的产品信息，从而自己在网站上完成预订操作。这种预订方式，减轻了预订工作量，并且顾客通过上网自己了解产品信息，更大程度上节省了相关人员解释介绍的时间。预订员只要直接在网站上把顾客的预订信息输入电脑就完成了客人的预订，大大地提高了工作效率。

（2）代理类网站预订。御温泉有自己的官方主页，同时也与多个代理类网站合作来扩大客源，例如携程网、同城网、驴妈妈旅游网等。这些网站都有比较成熟的订房中心、票务中心，一方面可以通过这些网站宣传产品信息，另一方面也使客人通过多渠道获得信息，方便预订。

代理类网站是最经济的形式。首先，酒店可以节省一大笔技术支持费用；其次，网上订房采用成交后支付佣金形式，酒店较易控制收益与费用；最后，这些代理类网站可以承担很大部分的网上营销。通过这些代理类网站的渠道，将更多的御温泉的产品信息传递出去，使更多的顾客得到了解，从而增加预订的客源量。

3. 传真预订

传真预订即各旅行社或有合作协议的企业单位向御温泉发送预订单，然后按照传真预订单上的内容，查看公司已预订的情况，根据折扣规定及预订单要求，在预订单上确认，最后给对方回传，让对方明确知道已处理好预订单内容。另外，根据预订单检查电脑系统所输入的单据是否正确，避免出现错误。

4. 驻外市场营销人员预订中心

御温泉在珠三角多个地区设立驻外办事处，作为该地区的预订中心，每个办事处都配有销售人员，负责该地区的销售以提升和稳固御温泉的客源。御温泉通过办事处销售人员的区域拜访，以人性化、个性化的服务吸纳当地重要大客户。

【相关知识】

互联网的迅猛发展，网络应用服务不断发展的多样性、实用性和便捷性，导致网上旅行预订的兴起，网络预订成为旅游景区票务出售、酒店客房出售的主要渠道。根据我国互联网信息中心（CNNIC）2007 年 1 月公布的《中国互联网络发展状况统计报告》，网上预订（酒店、票务）是网民常用的网络功能，使用率为 8.6%。

面对互联网时代的到来与网上旅行预订的蓬勃发展，国内很多酒店都建立了自己的网站，并进行了不同类型的网络营销活动。而酒店网站是酒店开展网络预订的基础。据《2006 年中国酒店业务统计》显示，2005 年在我国酒店所有订房渠道中，直接向酒店订房仍然是主要的订房渠道。

网络预订：指通过互联网上提供的预订电话、在线预订方式等预订信息，向提供预订服务的酒店或者代理预订酒店服务机构进行酒店产品预订的活动。

酒店网站：指含有一定量的酒店信息，为酒店业的顾客、酒店业以及其他类型酒店信息使用者等提供酒店业相关信息的网站。

温泉度假酒店的预订管理从理论上讲应属于市场营销管理中的渠道建设，渠道建设的本质就是让目标顾客在需要产品的时候能够方便、快捷地购买。广东温泉产业目前的发展水平居于全国领先。截至2010年春节，统计在册能够提供温泉旅游的度假村或酒店超过120家，每年都有2~3家规模较大的温泉度假村开业，并且新开的温泉度假村规模越来越大、档次越来越高。广东温泉度假产品的竞争早已进入白热化阶段。在激烈的竞争下，如何构建本企业的销售网络，使消费者及时有效地识别、选择、购买，这需要从分析广东温泉旅游业客源市场结构入手，发现其存在的普遍性规律。

汪灿在《广东温泉旅游客源市场结构及营销策略分析》一文中①，研究得出以下规律：广东温泉旅游的散客自助游呈现不断上升的趋势，不依赖旅行社的组织；以经济文化发展水平高、居民收入高、交通更加便利的珠三角及港澳地区为主要的客源市场；绝大部分温泉旅游者都是以休闲度假为旅游目的；从市场消费者的行为来看，客人的消费习惯越来越趋向于提前预订，而walk-in的方式逐渐减少。他们主要通过电话预订、网站预订或者通过中间代理如旅行社等预订。随着互联网的迅猛发展，网络应用服务不断发展的多样性、实用性和便捷性，导致网上旅行预订的兴起，网络预订成为旅游景区票务出售、酒店客房出售的主要渠道。

【案例分析】

网络预订使御温泉与目标顾客获得了以下益处：

一、使预订双方可以进行良好的沟通和交流，更容易获得和保持顾客

利用网络技术，御温泉可以通过电子布告栏、电子邮件以及网上论坛等发布信息，以比较低的成本对消费者的信息进行实时收集，消费者可以对产品的设计、定价、服务等发表意见，双方及时沟通，通过网络营销的互动性，提高消费者的参与性与积极性，同时也提高了酒店营销策略的针对性。通过网络与顾客互动，可以在营销的过程中更好地服务顾客，并通过在网上开展关系营销活动，保持和加强与顾客的关系。

二、实现个性化的服务

进行预订的消费群体具有复杂、数量大、喜好千差万别的特点，这就要求企业与目标顾客之间采取“双向信息交流”。御温泉的官方网站作为开放、自由的双向式的信息沟通网络，与顾客之间可以实现直接的一对一的信息交流和沟通，酒店可以根据目标顾客的需要进行营销决策，在最大限度满足顾客需求的同时，也能提高营销决策的效率和效果。顾客可以将自己的愿望、对产品的要求以及所能够接受

① 汪灿.广东温泉旅游客源市场结构及营销策略分析[J].中国城市经济，2011年第26期

的价位信息,通过网站传递到御温泉的预订中心,有利于企业将适合顾客的产品反馈给顾客。这种一对一的个性化服务使得消费者的要求得到极大满足。

三、可以使顾客在预订之前获得美好的体验和充足的信息

御温泉处于交通不十分便利的郊区,顾客要到达目的地有一定的距离和需要一定的时间。如果没有网络技术,顾客必须在到达目的地消费之后才能真正了解其服务水准,所形成的印象对以后是否再次光临该度假地起很大的作用。但现在利用网络技术,将无形的服务产品进行有形的展示就显得至关重要。为此,企业可以综合运用各种多媒体和虚拟现实技术手段,将服务或产品相对"真实"地通过网站向远在千里之外的顾客展示,使顾客获得身临其境的感觉,获得美好的体验,在充分了解产品相关信息之下做出购买决定。

同时,我们认为御温泉现有的预订系统还有进一步完善的可能,可以从完善官方网站入手,进一步加强与目标顾客的沟通。御温泉预订信息传播渠道除了自身的官方网站之外,还有一些合作的代理预订网站,例如携程网、驴妈妈旅游网等。从御温泉的现况来看,携程网是其最主要的预订代理网站。但这些代理网站,不能把御温泉的产品深层次和形象地展示给消费者,而在这方面御温泉自建的官方网站独具优势,可以将御温泉产品的方方面面深层次地展示,并实现与消费者的实时交流。

因此,御温泉可以以自己的官方网站为主渠道开展网上预订,传递相关的产品信息,而不完全依赖其他代理网站。只有通过自己的官方网站,才可以时时刻刻实现与消费者的沟通,并通过多媒体信息将酒店的设施、外观、服务、产品等详细地展示给顾客,使他们获得一个全面而深入的体验,在方便顾客的同时,赢得顾客的满意。同时,官网的设计个性化,可以充分展示御温泉品牌的个性,有利于品牌形象的建立。只有将顾客吸引到可控的官网,才可以对酒店发布的产品信息和产生的预订信息有一个良好的控制。另外,可以根据市场状况,灵活调整自己的价格和优惠信息以及进行相应的策略调整,以实现利润的最大化。

【思考与讨论】

1. 电子商务与网络时代下的预订管理有何特点?
2. 温泉企业如何做好自己的预订管理?

第四部分　服务篇

【背景知识】

西方认为,服务就是 SERVICE,每个字母都有着丰富的含义:

S——Smile(微笑):服务员应该对每一位宾客提供微笑服务。

E——Excellent(出色):服务员应将每一个服务程序、每一个细小的服务工作都做得很出色。

R——Ready(准备好):服务员应该随时准备好为宾客服务。

V——Viewing(看待):服务员应该将每一位宾客看作是需要提供优质服务的贵宾。

I——Inviting(邀请):服务员在每一次接待服务结束时,都应该显示出诚意和敬意,主动邀请宾客再次光临。

C——Creating(创造):每一位服务员应该想方设法精心创造出使宾客能享受其热情服务的氛围。

E——Eye(眼光):每一位服务员始终应该以热情友好的眼光关注宾客,适应宾客心理,预测宾客要求,及时提供有效的服务,使宾客时刻感受到服务员在关心自己。

国内有关服务的定义也非常多,关于温泉旅游服务我们可以理解为:为了满足顾客的需要,温泉旅游企业与顾客的活动和温泉旅游企业内部活动所产生的结果。

随着温泉旅游市场竞争的日益激烈、温泉旅游开发的深入,顾客选择的余地也越来越大,温泉旅游市场从以温泉产品开发为中心转向以温泉服务为中心,优质的服务成为现代温泉旅游企业取得竞争优势的关键。

温泉旅游的游客与观光游客相比,具有以下特点:

首先,从需求的角度看,温泉旅游者在温泉度假区逗留的时间较长,他们往往要参加各种各样的活动,因此温泉度假区必须提供丰富的娱乐设施和活动,以充实客人的日程安排。

其次,从消费的角度看,由于温泉的理疗效果是逐渐产生的,需要经常重复才能保证疗效,因此,温泉消费具有明显的重复性,客人的回头率较高。此外,与观光旅游者相比,温泉旅游者的消费更高。温泉旅游以休闲、度假、健身、娱乐为主,需要大量的疗养和娱乐设施,使用每一种设施基本上都是要付费的,这就使得温泉旅游者的消费较高。

温泉旅游企业的服务对象是以放松、保健、休闲、娱乐为目的的度假旅游者、会议客人以及奖励旅游客人。温泉服务的内容也相应地以康体、休闲、娱乐为主,餐饮、住宿为辅,同时提供基本的商务服务,以满足会议度假者的需求。服务特色突出个性化,强调健康、放松、享受、娱乐。温泉服务的内容主要包括以下几个方面:

1. 服务意识

服务意识必须存在于每个员工的思想意识之中。只有提高了对服务的认识,增强了服务的意识,激发起在服务过程中的主观能动性,做好服务才有思想基础。

2. 服务理念

服务理念对服务管理具有极其重要的意义。服务最终是由服务员提供的,特别是由那些与消费者发生交互作用的服务员所提供,所以服务企业的服务理念在满足消费者需求的同时还要满足服务员需求。从这个角度上讲,服务理念必须包括一套经由多数服务员一致同意的通用价值观。

3. 服务角色

"角色"一词原指演员扮演的剧中人物,"服务角色"在温泉服务中指某一个人在某一位置上发挥某种作用,完成某一项任务。温泉企业服务人员所扮演的就是服务角色,他的作用和任务是从物质和心理上满足客人的需求。因此,走上工作岗位就要有如同演员走上舞台的意识,所有温泉服务消费者就是你的"观众"。只有你的"表演"使顾客认可,你的感情才能激发起顾客的共鸣。此外,服务过程中应忘记与服务无关的思想、情绪和活动,而不能把个人的情绪带到工作中。

4. 服务操作

基本上每家服务企业都有自己的服务操作规范。温泉企业服务员需要具备过硬的温泉服务操作技能。服务操作规范包括工作服务规范、礼貌用语规范等,同时服务人员还需要掌握一定的服务技巧。

5. 服务标准

服务标准是指规定服务应满足的需求以确保其适用性的标准。消费者在选择与接受各项服务产品时,总会预先考虑选择一家服务质量好的企业进行消费。为了满足各类顾客不同层次的需求,企业也总是在不断开发服务产品的新品种,努力提高自身的服务质量。而服务标准可以用来衡量、规范服务质量。

6. 服务时机

在消费者心理学中,时间不仅是一种自然资源,而且是影响消费者购买的重要经济变量,因此它也就成为影响顾客对旅游服务质量评价的重要心理变量。服务人员只有把握好服务时机,才能恰到好处地为顾客提供优质的服务。

7. 服务适度

服务行业倡导热情服务,但是,有时过分的热情也会是一种失礼。随着市场经济的发展,商业竞争日益加剧,服务企业提高服务水平,对顾客来说是好事,但要想赢得顾客的信任,达到企业和顾客的双赢,真正好的服务应该是不但有真情,还要适度,就是要在提高服务质量的同时,更多地考虑到顾客的消费心理,让顾客有充分的个人空间,自由自在地享受自己的时光,这样才会赢得更多的回头客。

8. 服务创新

服务创新就是使顾客感受到不同于以往的崭新服务内容。服务创新为顾客提供新颖服务，通过满足物质需求、精神和心理需求，并提供更好的解决问题的能力，保障人们的精神和心理的健康，使其得到满足感和成就感。

9. 服务投诉

当宾客认为所付出的费用与得到的服务产品质量不能成正比，即认为所购买的温泉产品物非所值时，就会产生投诉。温泉企业服务人员需要正确认识投诉，熟悉宾客投诉的具体方式，掌握处理投诉的原则和程序。

一、服务意识

服务意识是指企业全体员工在和一切与企业利益相关的人或企业的交往中，所体现的为其提供主动、热情、周到的服务的欲望和意识，是服务人员的一种本能和习惯，可以通过培养、教育训练形成。作为服务性行业，好客是最基本特点，服务是企业的灵魂与精华，服务意识淡薄的企业最终会被淘汰。虽然服务性企业可划分为很多不同的部门，其基本工作职责都不一样，但每个部门所做的工作的目的是很清楚的，那就是服务宾客，使宾客满意。

服务意识体现在为宾客提供主动、热情、周到的服务，也就是说服务意识是发自于服务员内心的。它与服务能力的区别就在于，服务意识是愿不愿意做好的问题，服务能力是能不能够做好的问题。良好的服务意识要求服务人员做到察言观色，主动沟通，通过客人的言行举止来发掘其需求，想顾客之所想，急顾客之所急，为顾客排忧解难并根据不同顾客的性格特点，耐心地为顾客办理业务、解答咨询，用心为顾客服务。

【案例一】坐轮椅的顾客

某天早上服务员小赵上早班，岗位在更衣室。大约 10 点钟，突然从礼宾员那里传来一声："招呼贵宾阿姨一位。"小赵站在里面给那位顾客阿姨做四项礼仪，抬起头发现面前的居然是一位坐在轮椅上的阿姨。她走上前去，对阿姨说："阿姨您好，祝您新年快乐，我来帮您打开柜子。"打开柜子之后，她把阿姨的物品放了进去，并帮忙推着阿姨到浴室，给她穿上客服披上毛巾，推着她去露天温泉池。到华兴池之后给这位阿姨一行讲解了一下温泉水的独特之处和作用。之后，她的家人就开始泡华兴池。阿姨看着那么多人在那里泡温泉，享受着温泉的独特魅力，而自己只能眼睁睁看着别人泡。从阿姨的表情可以看出她内心有多沮丧。天慢慢变阴了有点凉，小赵征得她家人的同意后，就把阿姨推进了室内，让她先坐着等一会，之后跑到万寿阁借了个小木"御"盆，飞快地跑到华兴池的泉眼出水处，接了一盆纯正的温泉水，端进了更衣室内。小赵走到阿姨旁边对阿姨说："阿姨您好，这是我用我们的御盆为你刚打来的一盆纯正温泉水，您可以脱掉鞋子泡下脚来感受一下我们的温泉。"阿姨感谢地说："那怎么好意思呢，太麻烦你了。"小赵说，"不用那么客气，您就当这是您家吧！"接着小赵蹲下来将阿姨的鞋慢慢脱下来放在地上，再把阿姨的脚轻轻放进那盆温泉水中，让阿姨泡脚，也感受一下温泉水。当她帮阿姨穿好鞋后，抬头的时候，发现阿姨的眼圈湿润了，同时很感激地说："小姑娘，是你让我体会到了你们的御式服务，还有你的热情与细心周到的服务，真的把我感动了。"小赵笑着对阿姨说："不用客气，祝您新春玩得愉快！"同时旁边的客人看到这个情景，都投来了赞扬的目光。这时阿姨的女儿回到女更衣室看到了阿姨满脸的笑意，也很感谢小赵提供的热情服务，还说以后会带阿姨常来这里，御温泉是让她们放心的地方。

【案例分析】

旅游是服务性行业，好客是此行业的最基本特点，服务是企业的灵魂与精华，服务意识淡薄的企业常常不具竞争优势。服务意识必须存在于每个服务员的思想认识中，只有大家提高了对服务的认识，增强了服务的意识，激发起在服务过程中的主观能动性，搞好服务才有思想基础。

温泉旅游从业人员应该具备的服务意识有以下两个。

1. 宾客至上意识

温泉旅游服务人员身负为顾客服务的责任，应该积极主动为顾客着想，为他们解决问题。在服务工作中，每时每刻都有很多服务人员很容易就能做到，使顾客感动的小细节。问题在于是不是在用心发现。要使自己的服务感动客人，首先服务人员必须热爱自己的工作。案例中的小赵如果只是抱着为工作而工作，为老板而工作的想法，恐怕她也不会为轮椅上的阿姨提供如此体贴入微的服务。只有真正地把工作当作一种乐趣，当成自己的职责，把客人放在心中最重要的位置，才会全身心地投入，才会发现很多别人发现不了的细节。服务人员只有用真心、热心和爱心，时时刻刻牢记"顾客至上"的服务宗旨，才会最终实现最优的服务效果，从而留住客人。

2. 个性化服务意识

规范化、标准化是温泉旅游从业人员服务的基本要求，可以让宾客的基本需求得到满足，而要让其感到更为高兴与愉快，还须将服务工作做得更深一层，即个性化服务。温泉旅游的服务尤其突出个性化，强调健康、放松、享受、娱乐。个性化的服务通常体现出服务员的主动性，表现为发自内心的与客人进行感情交流，设身处地地揣摩客人的心理。如灵活服务、意外服务、用心服务、亲情服务、创新服务、特色服务、超值服务、贴心服务、细微服务等都是个性化服务。这些服务的宗旨就是满足某些客人的特殊要求，打动客人的心，令客人满意。案例中的小赵能及时发现客人潜在的需求，并帮客人解忧，把御温泉御式服务展现得淋漓尽致，感动客人及其家人的同时，也感动了身边的客人。为御温泉品牌的塑造贡献了自己的力量。

【案例二】结账风波

王先生有一天和妻子在一家酒店吃饭，结账时却发生了一件不愉快的小事。

王先生结账时发现消费了274元，觉得这个数字不吉利，希望能把4元免掉，但服务员说她没有这个权力，王先生只好作罢。王太太看到有一盘菜剩下很多，就要求服务员打包。同时王先生付给服务员300元，服务员又问有没有4元零钱，王先生说没有，服务员转身离去。

不一会儿，服务员拿来收银条、发票、零钱放在桌上转身就走了。这下王先生生气了，让另一位服务员把她叫回来，并说："让她把收银条交到我的手上。"这时大堂经理走过来道了歉，又叫了一位服务员去找人。

终于等来了，服务员把打包的餐盒放在桌上，看着客人不说话。

王先生大声说："你把这些东西拿来的时候看都不看我一眼，我长得有那么丑吗？钱款应当面点清，你扔在桌上就走，是什么意思？"

服务员说："我拿餐盒去了。"

王先生说："你觉得你应该这样对我们吗？连一句对不起都不说，你拿发票过来时就说好烦了，你以为我们没有听见？我们有那么烦吗？"

这时大堂经理又过来，让服务员向客人道歉，服务员说："对不起，我真的忙不过来。"

这时王太太忍不住了，开始吵起来："有那么忙吗？如果说我们今天麻烦了你，那就是请你给我拿个盒子打一下包。你是忙，忙就可以不说话吗？忙就可以没有表情吗？忙得连声对不起都不会说吗？这个样子还当服务员，不要影响我们××城市的形象。"听了这番话，服务员委屈地哭了。

【案例分析】

服务是心与心的交流，服务意识是对服务员的职责、义务、规范、标准、要求的认识，要求服务员时刻保持在客人心中的真诚感，它体现在对客服务的方方面面，如服务仪表、服务言谈、服务举止、服务礼仪等。服务员的一个动作、一个眼神、一个微笑、一句好话可能让客人高兴，也可能让客人大发雷霆。本案例中4元钱对顾客和酒店来说都是小数目，能不能免不是问题，关键是服务员愿不愿意做这件事情，哪怕没有这个权力，也应该问一问领班、主管或大堂经理，这样客人感觉就会完全不同。

服务员在对客服务时面带微笑、注视客人，是对客人的尊重；将物品双手递交给客人是最起码的规范。把东西放在桌上就走，客人会认为你不高兴了，不想为他服务，在客人看来这就是态度问题了。做服务工作还要有良好的语言表达能力，"有没有零钱？"听起来生硬又不友好，如果改为"请问您有零钞吗？"这样客人就不会生气了。

此外，做服务工作一定要学会道歉。说一声对不起并不难，但有的服务员就是不愿意说。知道错了就不要找借口,要礼让客人,要明白客人是来消费的,是来享受的,不是来看我们脸色的。

【案例三】御温泉“情”字风格的人本管理

御温泉人的“情”字风格和御式服务的“情”,来自于“情”字风格的人本管理。御温泉认为:管理人员希望员工如何服务客人,管理人员就应该如何服务员工。

1. 为员工建造一个温馨美丽、星级酒店式的幸福家园

御温泉投资1200多万元兴建了一座员工星级酒店。员工酒店内设有健身房、形体训练房、藏书阁、网吧、卡拉OK厅、音乐室、家庭影院室、桑拿房、洗衣房、自助餐厅、露天音乐茶吧等项目。最能体现御温泉人之间那种特有的亲情的是,员工住的房间称为兄长房、兄弟房、姐妹房。

2. 人性化设计的每日绩效考评

御温泉从开业至今,一直实行每日绩效考评,取得了良好的成效。每日绩效考评分为完成任务、工作质量、仪容仪表、四项礼仪等七大项。员工上完一天班,先自己对照绩效考评标准进行自评,然后由直接上司对照考评标准对其工作进行点评。一周后,员工有一个工作小结,直接上司也将对其一周的工作进行小结。考评采取公开制,且与业绩奖挂钩,从而真正实现奖勤罚懒、奖优罚劣,促进绩效考评的良性循环。

3. 激励员工天天向上的金纽扣激励机制

在国际酒店里,有一个特色服务叫金钥匙服务,金钥匙服务在全球享有盛名。御温泉根据金钥匙服务的特点,独创了具有浓郁御温泉特色的金纽扣服务。金纽扣服务具有以下四个特点:①金纽扣服务不局限于大堂,在御温泉,所有岗位的员工都可以争当金纽扣;②金纽扣的服务特别注重情感倾注,让客人享受亲情般的关爱;③金纽扣是一种激励机制,获得金纽扣荣誉的员工将获得丰富奖励;④金纽扣荣誉不是终身的,每三个月须重新接受考核,合格方能蝉联金纽扣员工。

由于金纽扣不受岗位、职位、年龄、学历、资历的限制,因此,御温泉的员工人人可以争当金纽扣。在御温泉,随处可以感受到员工之间的比、学、赶、帮、超的良好氛围。

金纽扣员工是御温泉和客人之间的桥梁和纽带,是御温泉形象的代表,是御温泉御式服务、感情化服务、超前服务、细微服务的最高境界。每一期的金纽扣员工,在荣誉期内,佩戴纯金打造的金纽扣标志、享受每月的金纽扣奖金。除此之外,御温泉国际集团领导和御温泉度假村领导还要亲自设宴款待每一期的金纽扣得主,并亲自组织其外出考察学习。同时部门经理还要在员工每天上岗前为金纽扣员工佩戴金纽扣。

4.使员工有奔头的竞争上岗机制

御温泉管理人员的平均年龄不到28岁。御温泉管理人员竞争上岗的条件只有一个:御温泉在册员工。因此,在御温泉,只要你具备了管理岗位要求的能力,并有勇气参与竞争上岗,你就能走上相应的管理岗位。

正因为有了以上四个方面的举措,才构成了御温泉“情”字风格的人本管理。

【案例分析】

案例中御温泉对内树立“员工第一”理念,对外树立“顾客第一”理念,实行人性化的管理,尊重人的价值,实现员工的价值和顾客价值的统一,使员工认识到从事的温泉服务岗位是其施展才华、实现价值的舞台,以端正的态度、优质的服务技能满足顾客的需求,并从顾客的满意中获得满足。

传统的社会观念导致至今社会对服务员的工作存在偏见,认为服务员是低人一等、伺候人的职业。现实中,服务人员尤其是身处一线的服务人员经常得加班加点为顾客提供服务,工作强度之大可想而知,但有时还要遭受个别顾客的有意刁难,甚至是人身攻击和人格侮辱,下班后,可能还会因为自己从事的是服务性行业而被人误会,甚至受人歧视。面对来自工作和社会的重重压力,试想在这样的情况下,服务人员又怎么可能会愿意认同“顾客至上”?

人的服务意识不是与生俱来的,它与人所具有的综合素质及后天的教育和培养分不开,它需要家庭、社会、学校的配合教育,需要企业为员工营造良好的服务氛围,更需要社会良好的风气来实现。

【案例四】服务天使我来做

我是刚加入公司第一次接触服务行业的一名实习生。我自己总感觉有一腔热情想要释放,有人说我这是一时新鲜,但我觉得服务行业是我一直想做的事,因为从小我就喜欢与人沟通,看到别人开心的时候我也会情不自禁地笑。非常感谢公司能有“服务天使”的活动,也非常感谢领班能让我有这个机会做“服务天使”,让自己学到了书本上和学校里学不到的东西,让我懂得怎样赢得顾客的心,如何做他们的贴心人,用真诚和专业来打动每一位顾客,等等。其实,与其说我感动了客人,倒不如说客人感动了我。

服务中有一位老太太,因腿脚不便,我就特别关注她,时不时问她还有什么需要帮助的,帮她擦头发,用毛巾帮她擦后背……就这样我们聊了起来,得知她是从上海过来的,偶尔感觉脚没力气、发软。以前我接受过保健方面的培训,就告诉她怎样按摩脚,然后对她说日常要吃一些钙片,以及生活中怎样保健。老太太翘起大拇指,说:“谢谢。”从她的笑容里我可以感觉到她要说的很多。然后,我扶她下了楼。谁知不到5分钟,老太太又上来了,走到我面前,说她的眼镜不见了。考虑到老太太的脚,我就先让她在服务台处休息,我去帮她找。终于在二楼休息室找到,当我将眼镜还给她时,她突然紧紧握住我的手连声说"谢谢""谢谢"。那一刻,我真的被感动了,不知道怎么形容当时的心情,只是一味傻笑着对她说"不用谢,希望您把这儿当您的家一样。"

我们每位员工都应该把客人当作亲人一样去服务。给他们倒杯水,小孩子的衣服湿了,帮他吹干,这些细小的服务需求时常就出现在我们身边,只要我们用心观察,就能给顾客满意,甚至惊喜,其实客人真的很容易满足!

【案例分析】

此案例是一名入职仅三天的实习生的日记,她用热情友善的服务赢得了顾客的信赖及好评,同时也因顾客的快乐而深感快乐。服务工作中我们往往就缺乏这样的单纯与用心,员工只要将每位顾客当作自己的家人一样去服务,最终一定会赢得顾客的心。

【思考与讨论】

1. 温泉旅游从业人员应该具备怎样的服务意识?
2. 如何实现员工价值和顾客价值的统一?
3. 如何培养温泉企业员工的服务意识?

二、服务理念

所谓理念，从字面上讲就是一种理想和信念，实际上就是一种追求目标，并且为了实现这一目标而奋斗。旅游服务理念是旅游企业和员工对于服务顾客所追求的理想和信念，反映了旅游服务人员对旅游服务活动的理性认知。它是近几年在整个服务行业较盛行的新型竞争理论，它是在旅游企业内、外部宏观和微观各种经济和文化环境的影响下，在长期的旅游服务营销实践中逐步形成的。服务理念的内容一般包括：服务宗旨、服务方针、服务文化、服务风格、服务标语等。它能指导所有员工的服务行为向优质化方向发展，为旅游企业赢得顾客、赢得信誉、赢得口碑，最终为旅游企业赢得核心竞争优势和可持续竞争力。

【案例一】浪漫的惊喜

有一天，客房部的服务员正在收拾房间，那天退房的人比较多，为了赶时间她们采取了分工制，很快时钟就指向了 11 点。但在这期间，没有一个人喊苦喊累，每个人都坚守在自己的岗位上，力求将自己的工作做到最好。就在这时，有一位 202 房的姓林的客人走出房门准备去吃午饭，并告诉服务员，他的房间需要做小整理，希望赶在他吃完饭之前做好，于是大家都停下自己手头的工作，先做 202 房。由于这位姓林的客人要续住四天，于是大家提议：在做房间的时候额外布置一下，给客人一个意外的惊喜，让客人真正有宾至如归的感觉，让客人感受到来到御温泉就像回到家一样，在“家”里有人惦念着你、关心着你。于是大家迅速忙开了。首先她们想到既然林先生是和他女朋友一起来的，那么就以浪漫为主题，营造一个温馨浪漫的特色客房。既然要浪漫玫瑰花肯定是少不了的，于是她们在房间的各个角落里插放了玫瑰花，并在床的中央用花瓣摆放了 HAPPY 的字样，床也铺成大床，并以玫瑰花的花瓣在床的四周作点缀。而在做这些事时，大家也都是倾注了满腔的热情。不久，林先生便回到了房间，看到所做的一切，首先是感到惊愕，然后便是惊喜和感动。

而林先生的女朋友也被她们所做的一切而深深地感动：“在御温泉我真正体会到了情字风格御式服务的真谛。不管在哪里，都能听到一句句温馨的问候，随处可见亲切的笑容，这一切都给我留下了深刻的印象，谢谢你们为我们所做的一切，我不会忘记御温泉，更不会忘记你们。”而林先生也说了这样一句话：“好好干吧！平凡的岗位一样可以干出不平凡的事。”

【案例分析】

这是发生在珠海御温泉的一个真实的故事。珠海御温泉是融温泉度假、休闲、养生和娱乐为一体的高星级的综合度假区,其卓越创新的经营管理理念、独特的"情"字风格的"御"式服务,获得了社会各界的赞誉,并成功赢得"中国旅游知名品牌"、"全国用户满意服务"等国家级荣誉。其服务理念就体现在"情"和"御"上。御式服务强调"顾客不是上帝是皇帝"。在中国传统文化中,"御"是指"与皇帝有关的",例如皇帝的马车叫"御驾",皇帝的军队叫"御林军",皇帝的保健师叫"御医"等。"御"喻指"尊贵独有",同时可引申为"最好的"。

御温泉扎根于中国的传统文化,结合中国古代温泉享用者都是皇室、达官贵人这一特点,在经营实践中逐步形成了"御式服务"的理念,旨在让客人享受到独有的最好的服务。与此同时,御温泉还把中国文化中所重视的"感情"元素融入到服务之中,进而形成了带有浓厚传统文化特色的"情字风格,御式服务"理念。御式服务主要体现在对客人的尊重,让其感到尊贵独有。如御温泉的"四项礼仪服务"、"六个一"的亮点感情化服务,"有求必应、一包到底"的温馨亲情服务、超前服务、细微服务、个性化服务,让"皇帝"感到惊喜、自豪、感动,得到"皇帝"般的享受。比如客人下温泉的时候,拖鞋的摆放都是鞋尖朝着温泉的方向,而当他们走出温泉池的时候,御温泉服务员早已把拖鞋的鞋尖摆成了朝外的方向,这样客人一出温泉池,就可以直接穿上拖鞋,而省去了调换鞋尖的麻烦。这样一个细微的服务,就会让客人感到非常温暖、舒服,有一种被尊重和贴心的感觉。

【案例二】小鱼睡觉了,温泉下班了

王先生一家跟团第一次来到某地温泉,到的时候已经是晚上12点左右。温泉的服务员发给每个人房卡的时候,都很认真地解释:"这是房卡,这是早餐券,这是无数次泡温泉的门票,这是温泉小鱼池的六折优惠券。如果您在小鱼池泡水,给您打六折,您自己需要现付一部分。"

听到前台服务生这样说,大家都非常高兴,因为可以全天候无数次泡水,还可以优惠"喂小鱼"。入住后,大家换好游泳衣就相约高高兴兴一起下楼去"喂小鱼"。

大家拿着钥匙和门票准备去泡温泉的时候,前台的小姐说:"对不起,你们来得太晚了,我们要下班了,请明天早上再泡吧。""那小鱼池呢?"客人还是期待地问。"对不起,小鱼休息。"客人站在门外,看着里面有灯光和客人,就问:"里面不是有人在泡水吗?""里面的客人是前面进去的,他们马上要出来了。"服务员回答。

客人很生气,冲进温泉区去看,果然里面小鱼池没有水,其他池子里面的客人都被陆续赶上来了。客人只好扫兴地回房间去了。

第二天,在自助早餐的餐厅里,王先生问服务员:“一会儿还有粥拿出来吗?”服务员不假思索地说:“没有了,卖完了!”过了不久,当王先生还在取食物的餐台前没有离开的时候,看到另外一个服务员,拿着一大锅粥出来放在台面上。

原来,此温泉的服务员是一群习惯撒谎的服务员。难怪会“小鱼休息,温泉下班”。

【案例分析】

1. 有人认为旅游企业“品不正在于心不良”。只有诚信才能赢得客人,提供不好的产品表明你心术不正,本意就不想诚心诚意地去生产优质产品。在此案例中,温泉的服务人员一再欺瞒顾客,丝毫没有为顾客服务的意识,更谈不上优质服务,温泉企业就是为了把顾客的钱捞到手。试想,这样的温泉怎么能够赢得客人,进而培养忠诚顾客?说到底是温泉管理者就没有具备正确的经营理念,从而导致服务人员缺乏正确的服务观念。

2. 在激烈的市场竞争中,信誉也是金钱,温泉企业应该卖的是信誉而不是唯利是图。信誉比金钱更重要,温泉企业应该像看护自己的眼睛一样爱护企业的形象和信誉。

【案例三】酒店金钥匙服务的启示

“金钥匙”是“委托代办”服务的概念,它源于法国,本来是指饭店的守门人,负责迎来送往,并掌握客房的钥匙。随着饭店业的发展,现代国际饭店中的“委托代办”已成为“全方位,一条龙服务”的新概念,这个服务岗位的中心人物,就是“金钥匙”。

酒店金钥匙的服务宗旨,是在不违反国家法律的前提下,使客人获得满意惊喜的服务。他们提供以下服务:接待客人订房,安排车到机场、车站、码头接客人,根据客人的要求介绍各特色餐厅,并为其预订座位,联系旅行社为客人安排好领队,当客人需要购买礼品时帮助客人在地图上标明各购物点,等等,最后当客人要离开时,在酒店里帮助客人买好车、船、机票,并帮客人托运行李物品,如果客人需要的话,还可以代订好下一站的酒店并与下一城市酒店的金钥匙落实好客人所需的相应服务。

酒店金钥匙对中外商务旅游者而言,是酒店内外综合服务的总代理,一个在旅途中可以信赖的人,一个友谊牢固的忠实朋友,一个解决问题和麻烦的人,一个个性化服务的专家。

现在国际饭店金钥匙组织已拥有超过 4500 名来自 34 个国家的金钥匙成员。

中国的会员数量已将近500名（少数为女性）。金钥匙让客人从接触到酒店开始一直到离开酒店，自始至终都感受到一种无微不至的关怀。人们不难想象酒店金钥匙对城市旅游服务体系、酒店本身和旅游者带来的影响。

酒店金钥匙服务对高星级酒店而言，是管理水平和服务水平成熟的一种标志。它是在酒店具有高水平的设施、设备以及完善的操作流程基础上，更高层次酒店经营管理艺术的体现。

酒店金钥匙服务对城市或地区旅游业而言，将对其服务体系的形象将产生深远的影响。中国酒店金钥匙是由一群富有服务经验、对中国旅游业发展和酒店发展抱有历史使命感和责任感的人组成的，他们共同的任务是使中国旅游业、酒店业能够和国际接轨，同时能够在国际上树起这样的声誉："中国的旅游酒店服务是不错的。"这样，中国旅游业会吸引更多客人的光顾，企业就有效益，行业就有发展。它不仅给各城市的旅游酒店业创新服务注入了新的活力，而且对各城市旅游服务业的健康良性互动发展来说也是一种动力。

【案例分析】

1. 酒店金钥匙服务理念：

(1)酒店金钥匙的服务宗旨：在不违反法律和道德的前提下，为客人解决一切困难。

(2)酒店金钥匙为客排忧解难，"尽管不是无所不能，但是也是竭尽所能"，要有强烈的为客服务意识和奉献精神。

(3)为客人提供"满意+惊喜"的个性化服务。

(4)酒店金钥匙组织的工作口号是"友谊、协作、服务"(Service Through Friendship)。

(5)饭店金钥匙的人生哲学：在客人的惊喜中找到富有乐趣的人生。

2. 金钥匙服务是酒店的重要品牌，原因就是金钥匙代表了酒店服务质量的最高层次。金钥匙的服务理念是值得每一家温泉企业学习借鉴的。温泉的产品以康体、休闲、娱乐为主，对服务的要求更高，突出个性化，强调健康、放松、享受、娱乐。服务理念是服务的灵魂，认识到位才能行动到位，树立先进的服务理念是强化服务质量的根本。

【案例四】我们的工作就是服务，是实实在在的行动

"我们的工作就是服务，是实实在在的行动。"这是海泉湾的服务理念。作为一名服务员，就应该时时刻刻牢记企业的服务理念。

有一次小潘在会所女宾部当班时，有位客人忘记了带泳衣，于是小潘就拿出会

所所有售卖的泳衣让客人挑选，客人一件一件地精挑细选，她在一旁不断将客人没看中的泳衣整理好，但是她刚整理好的泳衣又被客人重新翻了一遍，就这样重复了好几次之后，客人抱怨说："这里的泳衣款式和花色我都不喜欢，还有别的吗？"小潘微笑着说："我们会所就这些了，如果你还想再挑一下的话，我可以带您到我们大堂的商场去挑选。"然后她就带着客人来到了商场，并很有耐心地为客人建议，帮客人挑选。整个过程持续了近一个小时，客人终于挑好了泳衣。回到会所后她又开始了新的服务，客人很感激地说："谢谢你，你真有耐心，要换成别人早就不耐烦了。"小潘微笑着说："不客气，这是我应该做的。"客人听到后又说："你们的服务很到位，我决定以后每周都到这里来度假，一会儿我就去办这里的会员卡。"小潘没想到一句"这是我应该做的"，却换来了客人的长期光顾。

【案例分析】

用心对待每一位顾客，真诚对待所有的顾客，为顾客提供满意的服务，并且争取超出顾客的期望。只有这样，顾客才会忠诚于企业，才会成为企业的老顾客。

【案例五】想客人之所想，急客人之所急

今年的"五一"黄金周，温泉的生意很火爆，温泉池里挤满了客人，休息厅里也躺满了客人，泡完温泉后一身疲惫的客人都躺在沙发上安静地休息。突然，一个小女孩的哭声划破了这周围的宁静。服务员上前一问，原来今天是小女孩的生日，向他爸爸吵着要布娃娃，但是这里没有布娃娃，小女孩哭得更厉害了，旁边的客人都被哭声惊醒了，个个用不满和愤怒的眼神看着小女孩。小女孩的爸爸表达了歉意，更是一脸无奈。这时一名水吧员灵机一动，想到了个好主意，十分钟后一个精美的小果盘做好了，上面放着用西瓜皮雕刻的"生日快乐"，还有几个栩栩如生的小动物。当果盘拿到小女孩面前时，小女孩停止了哭泣，边吃水果边玩着雕刻的小动物，脸上露出了可爱的笑容。小女孩的爸爸感激地向工作人员竖起了大拇指，并问需要多少钱。服务员说："这是我们送给小朋友的生日礼物，不要钱。"小女孩的爸爸说："你们的服务真好，帮我解决了一个大问题还分文不取，真是太感谢你们了。"

【案例分析】

海泉湾的服务宗旨是"想客人之所想，急客人之所急"。

此案例中，因为奉行了这样的服务宗旨，一个差点引起其他客人投诉的问题，就这样被解决了。

【思考与讨论】

1. 服务理念包含哪些内容?

2. 谈一谈你所熟悉的温泉企业的服务理念。

3. 酒店金钥匙服务理念给我们温泉企业什么启示?

三、服务角色

角色，是指某一情境或某一组织对个体表现出的期待。不同情境对角色有不同的要求，在服务工作场景中，服务角色是指他人和自己期望一个人在工作时完成的任务和行为。简单地讲就是指他人对服务员和服务员本人对自己的定位。

温泉旅游的服务人员要扮演好自己的角色，首先要充分认识自己的服务对象。对于旅游企业来说，服务对象有广义和狭义之分。广义的服务对象既包括外部顾客——旅游者，也包括内部"顾客"——员工；狭义的服务对象仅指外部顾客——旅游者。在谈到服务对象这一概念时，一般从狭义角度来解释，并体现了对游客的认识和理解。

旅游者是温泉企业的衣食父母，温泉企业的收入来自旅游者的消费。因此，温泉服务员应该把旅游者放在首位，并通过自己的服务使其获得满足，为其创造快乐。

旅游者是温泉旅游服务产品的购买者，他们期望所购买的产品物有所值、物超所值，因此需要旅游企业提供高质量、物有所值的服务产品，并通过服务附加值和顾客价值让渡来提升旅游者的购买价值。

旅游者是温泉旅游服务的消费者，他们是来寻求服务的，因此，需要温泉企业提供舒适的、完美的、满足旅游者需求的服务。

【案例一】她也在尽职表演

这是几位训练有素的餐厅服务员，客人进门，主动招呼，热情接待，殷勤服务，客人都很满意。一天，有两桌宴请，到场的都是家喻户晓的影视明星。席间，旁桌客人们起哄，而明星们也有意为整个餐厅助兴，开始表演节目，唱卡拉 OK。

服务员们开始走神了，明星们精湛的表演把餐厅里所有的人（包括服务员）的目光全都吸引过去了，大家都陶醉于其中。

有一位客人的餐巾掉在地上，被旁边的人一脚踩上……

有一位客人高高地举手示意，要求再给加一杯饮料……

有位客人很着急地频频招手，还有两道菜迟迟没上……

有位客人正从门口走进餐厅，没有服务员迎接引位……

有一个小孩不小心跌倒在地，哇哇哭泣，无人理会……

服务员忘记了她们的服务角色，竟变成了"观众"，心安理得地欣赏起表演来了。

这时一位叫小孟的服务员悄悄地带着微笑出现了。

当一位客人餐巾掉下时，她马上走上前去，说声“对不起”，捡起餐巾，立刻换上一块干净的……

当一位客人举手示意时，她赶紧过去询问有什么能服务的，端来大瓶“雪碧”，小心地为客人斟加。

当一位客人频频招手时，她得知还有两道菜未上齐，就马上跑进厨房去催。

当一位客人走进餐厅时，她立刻迎上前去招呼，并介绍说：“今天你们赶巧了，刚好影视明星在这里荟萃，你们可以既用餐，又欣赏，机会难得。”

当一个小孩跌倒在地时，她跑过去抱起小孩，边哄边唱，孩子破涕为笑……

事实是：在这之前，小孟不到两周岁的孩子，发烧在家，她给孩子喂完药后，便气喘吁吁赶到酒店。适逢明星在宴请时即兴表演，然而她换好制服，就马上进入了角色。

已是子夜时分，客人散尽，表演结束。小孟疲惫地倒在椅子上，但脸上露出欣慰的笑容。

【案例分析】

客观而言，服务人员与消费者在交往过程中扮演的角色是不完全对等的，常常是“客人坐着，员工站着；客人吃着，员工看着；客人享受着，员工劳动着”。这种不对等只是体现在服务过程中，代表着社会的分工不同。但这种不对等性要求服务员在对客人服务时，应该承担起自己的角色。

在本案例中，服务员们（除小孟外）就是忘记了自己的服务员的角色，只顾跟着客人一起看歌星的表演。其实，在服务的“舞台”上，任何员工都是“演员”角色，把自己的优质服务淋漓尽致地“表演”给客人看，所有的客人就是你的“观众”。通过你的“表演”让客人得到享受，用你的感情去激发客人的共鸣。在酒店的“大舞台”上，一旦投入工作，就应该忘记一切与服务无关的思想、情绪和活动。一位相声演员哪怕去剧场前和家人吵了一架，他上台照样得说、学、逗、唱；一位歌手在路上丢了一件心爱的贵重物品，但上台以后仍应稳定情绪，不露声色地引吭高歌。服务员同样如此，不能把个人的、店外的情绪带到店里来。而服务员小孟便扮演了一个出色的服务角色。

【案例二】圣诞节的礼物

12 月 20 日，在圣诞节即将来临之际，休息厅每位员工的脸上都洋溢着幸福的笑容，小孔也精神饱满地在工作岗位上忙碌着。当她巡台到 18 号台的时候，看到客人的一个礼品，出于好奇就多看了两眼，礼品虽然包装了，但总是感觉有点单调，好像少了什么似的，于是她带着疑问和客人聊了起来。聊天得知：这位女客人是从深圳过来玩的，圣诞节快到了，顺便到珠海看个朋友，并买了礼物想送给他，但是找不到合适的包装材料，正愁呢！于是小孔试探着说："如果方便的话让我帮您包装一下，好吗？"这位客人听后很高兴地把礼品交给了她。小孔接过礼品和部长招呼了一声就出了休息厅，仔细想了一下立即开始了行动：

首先，把圣诞布置剩下的彩条剪碎，用五颜六色的碎纸贴在了包装表面；

然后，用不同颜色的彩笔仔细描画上了两个圣诞老人；

最后，用红色的笔写上了圣诞快乐的中文和英文字样。

前后只用了10分钟就将礼物包装得很有美感，又很有圣诞的喜庆感觉。当小孔回到休息厅，双手将包装好的礼品交给客人时，客人一脸的惊讶和兴奋，从她的表情可以看出来：小孔包装礼品的效果完全超出了她的想象。客人高兴地称赞道："几年不见的朋友，当他看到这份精美的礼品一定会非常地激动，礼物不但别致又有圣诞节问候，太有意义了。"客人一再感谢小孔帮助她完成了心愿，并高度评价御温泉的服务真是名副其实、细致入微。

【案例分析】

1. 员工的服务意识较强，能通过自己敏锐的观察发现客人的潜在需求，并试探挖掘客人的期望。同时，员工很好地把握了客人的心理需求，通过自己灵巧的双手使普通的礼品增添了寓意，帮助客人解了燃眉之急，实现了客人的心愿。

2. 通过客人同其友人传递礼品的过程，能够将御温泉的服务口碑传播出去，增加其友人到御温泉体验服务、享受产品的欲望，有着潜在的口碑营销价值。

不足之处：在礼品包装设计过程中，如果用带有御温泉标志的有艺术感的包装纸进行包装会使礼物更具有收藏价值，同时也是一种宣传。

【案例三】不是无所不能，但要竭尽所能

冬天正是泡温泉的好时机，而珠海的冬天也常常是晴空万里，因此来泡温泉的人就更多了。但在今年春节前的一天，气温突然急剧下降，一个国外的旅游团来到了温泉会所，由于泡温泉的人比较多，暂时没有多余的更衣柜，就只能安排客人在休息厅休息等待之前的客人空出柜子后再使用。正当他们休息时，休息厅里传来阵阵的咳嗽声，一旁的服务员小黄听到后，第一反应是肯定有客人感冒。由于语言不通就只好找到领队，一问才知道，原来这个团大部分是来自非洲的客人，由于不适应这里的季节变化，有部分客人有点感冒。于是小黄马上让水吧煲了一壶生姜可乐汤，给每个客人都倒了一杯。客人喝了热腾腾的生姜可乐汤后感觉全身暖暖的，还用那不太流利的中国话说："你们中国的可乐真好喝。"领队马上解释说："这不是中国的可乐，这是用可乐和姜一起煲出来的，可以用于驱寒止咳，对于一些轻

微的感冒也有很好的疗效。”客人听了后更加兴奋了,手舞足蹈的,嘴上说着服务员听不懂的话,还一个劲地竖大拇指。虽然不能直接用语言沟通,但从他们的表情中能看出,他们对服务员的服务非常满意。虽然人们生活在不同的国家,但是对客人的服务是无国界的。

“尽管不是无所不能,但一定是要竭尽所能”,这句话在服务行业称得上是一句至理名言,这也是服务员小张常记在心里的一句话。

五月的一天晚上,11 点多正当服务员小张准备下班时,两位中年夫妇拎着行李向小张走来说要看房,于是小张便问:“您要看哪一种房呢? 我们有两种房。”“我们都看一下吧!”客人回答。

首先小张带他们看了 VIP 房,夫妇俩不满意,说:“房间不怎么样,不值那个房价”,同时客人要求看看其他几间房是否和这间房一样,看了之后客人还是不满意,最后小张又带他们去看至尊房,但客人还是觉得不满意,并要求看完其他的几间至尊房,于是小张又耐心地带客人看了其他的几间房并详细向客人介绍了房间的特色。就这样时间慢慢过去了,转眼到了十二点多了,小张心想最后一班员工车也要错过了,只有自己一个人走回去了。这时客人还是不满意,小张便面带微笑地对客人说:“如果您对我们的房间不满意可以去看一下我们酒店的房间,那边的客房是标准客房。”客人想了想后面带笑容地对小张说:“不好意思,麻烦你了,小姑娘,谢谢你啊! 虽然你们的房间我不是很满意,但你的服务我非常满意。”

过了一会,正当小张在大堂收拾东西准备下班时,见到那两位客人走过来,说:“虽然酒店的房间很漂亮,但我还是喜欢你们的服务,所以我们还是选择住你们这里的房,怎样才能联系你呢? 以后有机会来海泉湾玩我还住在你们这里!”小张及时地递了一张订房卡片给客人,同时顺利地帮客人办理了入住的手续。

回想起刚刚客人对自己所说的那番话,小张心里感慨万分,没想到这样小的一件事,可以赢得客人如此的信任,这使小张心里充满了成就感。这件事说明只有好的服务质量才能吸引更多的客人,才能为企业带来回头客!

【案例分析】

对顾客来说,温泉服务员是温泉企业的代表,服务员与客人之间的交往,就是温泉企业与客人的交往。这就要求温泉服务员具备很高的素质,扮演不同角色。

(1)温泉服务员应具有较高的文化层次和素质,必须是一个善于表达、具有良好社交能力的“交际家”。

(2)温泉服务员必须是了解客人心理并善于运用心理学知识达到优质服务效果的“心理学家”。

(3)温泉服务员必须了解本温泉企业所出售的产品及服务的质量,并把最好的产品推荐介绍给客人,让客人乐意购买其所需的产品,是温泉企业的一名“推销员”。

(4)温泉服务员应能向客人提供关于温泉设施、服务等方面的知识,还必须是一个“百事通”。

(5)温泉服务员应时刻使自己处于最佳的精神状态,与客人建立良好的宾主关系,要站在客人的角度,以心换心,为客人提供热情、快捷、高雅的服务。

【案例四】门前的“礼仪”服务

周末早上,我与好友约在酒店门口见面。当我乘坐出租车到达酒店门口时,远远地就看见朋友向我招手。这时,车门打开了,我一看是酒店保安员帮我拉开了车门。其实,我不准备走进酒店,保安员也已经在不远处看到了我的朋友,为此,我为保安员的服务感到很不好意思,急忙对他说了声谢谢就想“逃之夭夭”。

这时,保安员很从容地递给我一张小纸片,小纸片上用中英文写着:尊敬的宾客,您乘坐的出租车车号为粤 AT6974。请保留此卡,以备后查。落款为酒店名称。并轻轻地对我说:“先生,请走好。”我拿起纸片仔细一看,显而易见,此纸片是酒店怕来该酒店的客人遗忘物品在出租车上,特地将每一位客人乘坐过的出租车车牌号记录下来。为此,我十分感动,回头向保安员微笑点头,以表示感谢。

【案例评析】

酒店对向员工灌输服务理念日趋重视。员工们意识到:服务不仅仅面向入住酒店的客人,对于一些潜在的消费者群体也应提供同样的服务,扩大酒店的口碑传播,争取更多的客源。这项服务在国外已是非常普遍,在国内,越来越多的四、五星级酒店也开始有了。这表明,酒店服务外延变得更宽、更广。

酒店业的竞争日益激烈,除了尽可能完善设备设施之外,更多的管理者在为提升自己酒店的“人气”而烦恼。如何给入住过该酒店的客人,以及准备入住该酒店的客人留下良好的印象,是酒店“创新服务”的核心目标。人都是感性的,高星级的酒店哪怕在设施上不够豪华精致,但通过点点滴滴的细微服务,客人们同样能感受到与众不同,潜在的客户需求也就产生了。

【思考与讨论】

1. 温泉企业服务人员如何扮演好自己的服务角色?
2. 温泉企业服务人员必须具备哪些素质?
3. 如何理解“不是无所不能,但要竭尽所能”这句话?

四、服务操作

1. 了解宾客所需

现代社会的多样化造就了需求的多样化和个性化，因此无论每位宾客的需求是如何的相似，都会略有所区别。我们必须先发现宾客所需，然后才能提供他们所需，但宾客需求我们如何去发现？

（1）观察：面对面的服务当中，身体语言传达了60%的信息，因此服务人员应学会从宾客的身体语言来判断宾客的需求，在对客服中强化观察能力。（具体内容可参阅“第四部分 酒店优质服务专题培训”）

（2）聆听：对宾客的话语做出适当的反应，如以积极的身体语言和适时的提问来表达关注。

（3）提问：提问时选择一些开放性的问题，注意语调的抑扬顿挫，音量要控制好，一定要注意提问时的语气要照顾到宾客的实际情况。

2. 知道解决问题的方法

每个岗位上所遇到的问题都有一个排行榜，宾客可能咨询的问题也有一个排行榜，因此我们必须对历来所出现的问题进行汇总排列，然后将这些问题分类，提前知晓这些问题的答案。注意：对于自己回答不了的问题，一定要找到答案或咨询能提供帮助的同事，永远不要说“不知道”。因为我们每个人的形象都代表酒店，说“不知道”就表明酒店对此问题无能为力。宾客不会在意你是哪个部门，你是谁，只知道你是酒店的员工。

（1）回答宾客的问题

当我们回答宾客的问题时应该注视宾客，不时地同宾客保持积极的目光交流，以表示你关注他们，但切忌机械地瞪视。

（2）提供更多的帮助

主动提供帮助满足宾客所需，会让宾客感到受欢迎，在他们刚刚开始谈话时就注视宾客、微笑，确保让宾客感到你随时可以提供帮助。说话时，尽可能使宾客感到很舒服和受欢迎，表示出你的关切与关心。除此之外，还应扮演好“推销员”的角色，如可向客人介绍推荐酒店提供的服务与设施，描述这些服务或设施的特征、使用方法、长处或优点，甚至根据客人需要推荐更多的选择。

每家服务性企业都有自己的一些服务原则，通常有如下几点：

1. 员工在各种关系中表现出诚实和关心

诚实是每一个人最重要和最宝贵的品质，没有诚实就没有信任。酒店要求其从业人员要做到对宾客、对管理层、对同事和自己诚实，用关心表现积极的态度和将事情做好的愿望。关心在酒店行业意味着对待所有的人都一视同仁,对酒店内部与酒店外部的宾客都表现出关心,诚实与关心是酒店团队协作的基石。

2. 员工与宾客的每次接触中,要尽力多为宾客服务

严格按照标准服务只是酒店提供的基本服务,酒店从业人员需要尽力多做一点,超越宾客的期待,同时注意把握度和分寸。因此酒店从业人员要预测不同宾客的需求,服务也相应地因不同宾客而有所差异。

3. 我们要为宾客提供始终如一的服务

服务始终如一有赖于酒店统一的服务标准及工作程序。酒店只有构建服务标准体系,才能得以顺利运作。

优质服务表现为个性化和有创意的服务,即在恰当的时间、恰当的地点、恰当的情境,提供恰当的服务。同时为了让服务标准体系有效运作,酒店需有全程的质量监控体系作为配合。

此外,宾客的反馈有利于酒店保持始终如一的优质服务,让酒店对服务及时纠偏,保持一致。

4. 保证服务程序有益于宾客并方便员工

每家酒店都不鼓励呆板的机器人式的服务,希望员工在服务中融入感情。有时酒店服务人员要为宾客提供下一站服务,因此服务人员必须在平时的工作当中密切注意宾客的需求,接受意见,改进服务质量,大胆开拓,勇于创新。

5. 确保在同宾客接触的过程中员工尽己所能及时处理相关问题

首先酒店要求每位员工要熟悉其政策和工作流程,同时要对酒店、客人和员工利益负责,要有责任感。每位管理人员都须懂得授权,让下属有足够的权限来处理出现的问题,要追求成效。尽管在平时的问题处理过程中,错误在所难免,但要极力改正。

6. 要创造出有益于员工实现其个人抱负和事业成功的工作环境

酒店应协助员工做个人发展计划,逐个阶段来实现,为员工创造更多的机会。如可通过酒店内部与外部的交叉培训来鼓舞人心与士气,鼓励员工将其个人的愿望说出来,同上司沟通。让酒店在力所能及的范围内帮助员工发挥个人的聪明才智。

7. 要将使宾客满意作为酒店经营的主要驱动力

酒店的生存全靠回头客,酒店从业人员须尽力使每位宾客成为酒店的回头客。对客人的要求要积极及时回复,以积极和主动的态度来解决宾客的问题。

8. 要尊重当地的风俗和价值观

酒店必须向当地社区开放,要凭借热情和友好的态度让酒店融入当地社区和社会环境,通过奉献社会使酒店得到社会的认可,借此来扩大当地市场份额。

9. 要有意识地挑战每一项工作程序使其趋向完美

首先酒店从业人员有开拓创新精神，不断寻求更好的、新的服务方式，认真吸取意见与建议，开拓新产品、新工作程序和新服务等。

10. 满足宾客是员工的首要任务

这意味着一切以宾客为中心。例如一位宾客向服务员走来，此时服务员正在忙着手头的事情，最常见有以下四种情形：

情形一：处理完手头上的事情再将注意力转向宾客；

情形二：抬起头向宾客打招呼，以示关注，然后埋头继续做自己的事情；

情形三：抬起头向宾客打招呼，并且说"对不起，请稍等"，然后尽快将手头的工作做完再去接待宾客；

情形四：立刻停下手头上的活，全神贯注招待宾客。

酒店服务要将对宾客的关注和需求的满足放在第一位。就如上面的例子，宾客当然希望得到第四种待遇。这也要求服务人员不仅要在看到宾客的第一眼就向宾客打招呼，显示对宾客的重视，同时要以满足宾客为首要工作，随时随地准备为宾客服务。

【案例一】为客人开门的启示

某日，8917 房的徐先生气冲冲地跑到总台，把房卡狠狠地在台面上一摔，说道："你们是怎么搞的，我的房门又打不开！早上已经换了一张，现在又没用了，你们想气死我呀！"大堂副理到场处理，先是安慰了客人，让他不要生气，然后迅速地把房卡读了一遍，的确是 8917 房，时间也对，应该是可以打开的。为确保无误，大堂副理重新换了一张新卡，并陪同客人一起去房间。当时客人还很恼火，说："早上就打不开了，是服务员给我开的门，我到总台换了一张卡，没想到回来还是打不开。"到了房间门口，大堂副理却发现房卡没有问题，很可能是客人没有正确使用房卡，插反了方向。于是，大堂副理把门关上，用慢动作再一次把门打开。这一切客人看在眼里，心里也明白了是怎么回事。但大堂副理还是礼貌地对客人说："对不起，徐先生！可能是刚才门锁有点小问题。"这时客人表情变了，态度也变了，忙说："谢谢，谢谢，麻烦你了。"

【案例分析】

1. 酒店是高新科技产品应用的地方。有些东西不要说第一次住店客人不懂如何使用，就连经常住店的客人一时间也会摸不着头脑，这就要求我们在带客人进房间时多多介绍房内设施的使用方法。

2. 案例中行李生在带客人进房间时如果能够向客人说一下"房卡带芯片的面

朝上开门”,就不会带来不必要的麻烦。我们要时刻记住“客人永远是对的”。设想一下,如果当时大堂副理说:“这房卡可以开的呀,是不是您插错方向了?”正在气头上的客人会有什么反应?他会更生气,可能会说:“怎么可能呢?明明是你们的门锁问题,倒变成我在找事了。”遇到内向一点的客人,虽不说什么,但心里却会不舒服,特别是有朋友在的时候,会感觉很丢面子。因此,我们在平时处理问题的时候,一定不能跟客人抢“对”,要把“对”让给客人,事情也就会迎刃而解。否则,就算最后证明我们是正确的,客人也会感到不开心,这还能说我们是对的吗?一句话:客人对了,我们才对了;客人错了,我们也错了。

【案例二】“这份虾还要吃”

前几天与朋友去了一家广东餐馆。尽管并不是什么特别高级的饭店,但看得出来饭店对服务员的职业训练还是相当认真的。点了几个菜吃了一会儿后,几个朋友正在说笑之间,走过来一位女服务员。

“可以撤下去吗?”当时盘子里还有几只虾。

“稍等一下。我们还要吃。”

“好的。”

说了会儿话,另一名女服务员过来。

“可以撤下去吗?”

“稍等一下。我们还要吃。”

“好的。”

正在畅谈时话题被打断,多少有些扫兴。几个人重新拾起话题继续谈笑,这时第 3 个女服务员走过来,脸上带着微笑,动手撤盘子。

“等等,这个我们还要吃呢。”

“啊,是吗?”

朋友几个继续开聊,过了一会儿来了一位制服颜色不同的女服务员。肯定又是来收盘子的。果不其然:

“可以撤下……”

“你可是第 4 个来问的了”,这次我们不由得苦笑起来。

【案例分析】

好的服务要求在与客人的每次接触中,尽力多为宾客服务;主动提供帮助满足宾客所需,会让宾客感到受欢迎。在本案例中,服务人员的确做到“主动”和“尽可多”地提供服务,但是,优质服务的前提是让客人感到方便舒适,这种重复又未能体察客人需要的服务就会让客人产生不解和厌恶。所以在服务中,所有服务人员应该是个整体，而不是独立的个体，不能让服务产生重复而无效的循环模式。

【案例三】更衣区巧事

5月3日，今天的天气非常好，海洋温泉的游客，非常多，有些时候，还会出现排队进更衣室的情况。虽然，人是多了一点，但是，总体上来说还是比较有秩序的。事情发生在中午12点到12点30分之间，那时候我刚吃完午饭，在进入更衣室三区时，见到三区挤满了客人，我看见一部手机和一包香烟被随意放在更衣凳上，但是周围的客人都在忙自己的事情，谁也没有留意手机的存在，为了避免发生财物丢失，我马上走上前去将手机拿了起来，便询问旁边的几位客人是否有人落下手机。只听一位先生说："那是我的，你把它给我就可以。"由于这位先生的更衣柜离手机的位置比较远，旁边这几位先生又不是他的朋友，为安全起见，我又接着问："先生，为了确认手机是您的，请您说出手机通讯录里面一位朋友的姓名或是手机号码，行吗？"那位先生见我这样问，便从自己的更衣柜那里拿出一部手机，在我的面前晃了晃，说："服务员，不好意思，我看错了，原来我的手机在我的手提包里面，没想到，这两部手机会这么相似。"我微笑了一下说："先生，这两部手机真的很像，简直一模一样，真的很难分辨，我也经常会看错，认错东西的……"还没有等我说完，那位先生就像箭一样，飞奔着去浴室了。

其实，事实上，那两部手机一点也不像，因为一部是白色的三星手机，另一部是黑色的摩托罗拉手机。没等两分钟，便有一位全身湿透拿着一条大毛巾的先生，走到我面前说："我手机不见了，换完衣服忘记拿就到浴室冲凉了。"经过我的确认，我把手机交还给了它真正的主人。这时，那位先生感激地对我说："谢谢你，这部手机我昨天才买的，花了五千多元，那是我半年的工资啊！"

【案例分析】

本案例反映了该服务员机警细心的职业习惯，关于男女宾最重要的工作就是安全，而更衣室可能存在最大的安全隐患，这就要求我们要有高度的责任感，遇事要机警细心。另外作为服务人员贵在提供优质的服务，不能因顾客的无理行为而放低服务水准，遇到这样想占便宜的客人，我们尽量想办法解决问题，但需注意不必要对客人挖苦，让他难下台。

【案例四】洗干净了的衣服

7月5日我上早班，外面天阴云厚，小雨朦胧，刚接班一会儿就下起了倾盆大雨。我站在VIP服务台，这时过来三位客人，两位女士，一位男士，三位客人是从酒店过来的，身上都被雨淋湿了。我笑着迎接了几位客人，询问有什么可以帮到他们的。其中那位男客人对我说:“小姐,我们想做按摩,有没有什么好的介绍呢?”听到客人想做按摩我便将这几位客人带到水境界休息厅,看到几位客人的身上都湿了,于是我拿了几条干净的毛巾给客人擦水,并送上了几杯温水给他们:“几位先擦擦身上的水吧,这里有几杯温水,请慢用,小心着凉!”客人接过我手中的水杯不停地对我说:“谢谢。”我笑着答道:“不用客气,应该的。”接着我便细心为客人介绍了我们这边的特色项目,介绍完后我便将客人分别带进了房间,拿了干净的客服和毛巾放在沙发上,说:“你们先洗个热水澡吧,换上干衣服之后我们的服务员再帮您们按摩,湿衣服我可以帮您们拿去吹干,这样走的时候可以穿上干的衣服,不会感冒。”客人听到后非常开心笑着说:“好的,真谢谢你了!”我便在门外等客人换完衣服后将湿衣服交给我。我拿着客人的湿衣服回到工作间和同事们一起用风筒将客人的湿衣服吹干。

很快客人就做完了按摩,我将吹干了的衣服送进房间给客人,客人接过衣服后激动地对我说了声:“谢谢!”

6月8日下午,水境界接待了3对年轻的情侣客人。他们来自香港,慕名来到海泉湾,刚从神秘岛游玩过来,体验海洋SPA。在介绍产品的过程中美容师小刘细心地发现他们个个汗流浃背,其中有位先生的衣服前胸有块很大的污迹,另外几位同伴的衣服也有不同大小的污印。此时其中的一位张先生对小刘说:“我们等会做完SPA想直接去吃饭,为了节省时间,就不回酒店换衣服,麻烦你们把我们的衣服找个地方吹干,可以吗?”小刘拿到客人的衣服到工作间与同事一起对着一堆脏衣服发愁,商量着怎么办,同事们都要为客人做按摩,没有多余的人帮他们吹衣服,可是又不能拒绝客人,那样会让客人觉得我们的服务很差。

突然小刘想到了一个好办法就是将客人的脏衣服拿到洗衣房让阿姨们帮忙清洗,这样既能保证质量,又能在客人做完SPA前有干净的衣服穿。于是立即把脏衣服送到了洗衣房找大叔和阿姨帮忙,并及时赶回来帮客人做按摩。在洗衣房叔叔阿姨们的帮助下很快地将客人的脏衣服清洗干净并熨烫整齐。

当客人做完SPA,小刘和同事把一件件干净整齐的衣服递给客人时,张先生抖开白色衣服,冲着小刘说:“小姐,衣服好像拿错了吧,这好像不是我们的衣服。”小刘笑着对客人说:“张先生,您好! 这是你们的衣服,我们已经帮您清洗干净,熨烫整齐了,希望您满意。”张先生把衣服接过去再看了看:“真的,这是我们的衣服!我还以为你们拿错了呢! 怎么会弄得这么干净? 和新的一样。真是太感谢你们,你们不仅手法好而且服务更好,办事效率真高!”同时客人还表示晚上如果没事还来这里做SPA。看到客人开心的离开我们也很开心,因为我们优质的服务及娴熟的手法赢得了客人的好评!

【案例分析】

其实,这些只不过是很小的事情。在工作中除了做好自己应该做的,再加一声问候,多一点笑容,多一点关心和包容,你就会收获更多的快乐。让我们用最真诚的心,最美丽的笑容,用最好的优质服务,为客人带来最好的享受,感动自己也感动他人。

【思考与讨论】

1.如何了解宾客需求?
2.温泉企业通常有哪些服务原则?
3.如何理解"客人对了,我们才对了;客人错了,我们也错了"这句话?

五、标准化服务

标准是为了在一定的范围内获得最佳秩序，对活动或其结果规定的共同的和重复使用的规则、导则或特性的文件。该标准经协商一致制定并需经一个公认机构的批准。标准应以科学、技术和经验的综合成果为基础，以促进实现最佳社会效益为目的。

旅游企业需要尽最大努力使服务满足旅游者期望，并超出旅游者期望值。当服务不能超出期望值时，至少要达到旅游者期望值。在实际操作中，旅游企业要将旅游者期望值转化为量化的服务标准。为了克服服务中因环境、服务人员不同带来的质量差异，旅游企业应该尽可能详尽地制定标准化的工作程序和规范，对服务过程中各环节逐一提出明确、具体的要求。控制服务质量得有依据，即员工知道按什么标准去做，管理者用什么标准去检查，培训用什么标准去训练。同时制定相应的奖罚制度激励员工达到或者超过服务标准。

【案例一】御温泉进场更衣服务标准

听到大堂礼宾员指引客人到更衣室后，更衣服务员应迅速回应，欢迎客人。服务员回应要齐声、悦耳、洪亮。

服务员应暂时放下手中的任何工作包括服务，上前对客人做四项礼仪服务、灵活服务。面带微笑，自然大方，说："欢迎贵宾先生/小姐到来，旅途辛苦了。"并致一个敬礼和一个标准的45°～90°鞠躬。当服务客人时，又有客人入场，要兼顾先后两位客人的服务，人手充足时做到多人服务一位客人。

主动询问客人钥匙号并双手接过钥匙牌，引领客人到相应的柜前。帮助客人打开衣柜和鞋柜。

拿出柜内的毛巾和包装好的泳裤，将鞋柜的消毒拖鞋放至客人脚前。询问客人是用自备的泳衣还是用温泉旅游度假区提供的泳服，并告知客人温泉旅游度假区还有泳服出售。

帮客人更衣过程中，礼貌询问客人姓氏。

询问客人是否泡温泉；并向不泡温泉的客人推荐擦修、按摩以及浴足等温泉消费项目。

泳服和鞋：根据客人的身材，为客人提供合适的泳服及拖鞋。鞋尖向内，鞋跟向外，放于鞋柜内。

更衣：将更衣凳移至客人身后，请客人坐下更衣。用相应的衣架挂好，同时防止客人的物品掉落在地，如手机、手表等。

毛巾：用毛巾（遮体架）为客人进行遮体服务。征得客人同意后，迅速为客人披上毛巾，身材高大的客人根据天气情况，可以上下各披一条。

锁柜：服务过程中告诉客人开关衣、鞋柜的方法。锁鞋柜时身体应呈半蹲式，务必让客人亲自检查衣和鞋柜锁是否完好。告诉客人在场内消费时可以用钥匙牌签单。将客人柜号及姓氏资料登记在《宾客姓氏登记表》中。

尽提示义务：提醒客人小心保管好自己的钥匙牌；提醒客人寄存手机、钱包等贵重物品；提醒客人将贵重物品寄存于位于前厅部的贵重物品寄存处；提醒客人保证相机和摄像机在进入更衣室时处于关机状态，告诉客人贵重物品可以保管在大堂保险柜内；婉转地告诉客人露天区严禁拍照和摄像；对不宜沐浴温泉的醉酒客人或皮肤病客人及孕妇等加以劝阻。

认真回答客人提问：语言表达讲究巧妙、得体并建议客人去休息厅，做香薰或其他项目。

【案例分析】

1. 人们对服务质量的评价完全来自于一种主观的感觉，因此同样的服务水平，在不同的时间、不同的客人身上得到的评价是很难一样的。这种差异性特点使得制定服务的标准和规范具有一定的难度。但是，温泉服务也是一个较为规范的行业，每个岗位都有相应的工作程序，因此每家企业都制定了相应的标准。唯有遵守相关的标准，才能使复杂的系统简单化，使服务得以持续化、程序化，才能使琐碎的工作制度化。

2. 所谓标准化，一部分是服务设备、服务环境的标准化，即服务的硬件标准化。这些硬件标准可以通过一些变化的技术指标来规定。另一部分就是服务质量本身的标准化，即服务的软件标准化。目前这些软件标准多以服务人员的工作职能和操作规范来代替。如案例中就是御温泉的更衣室的服务标准，它对从客人进入更衣室到离开的整个过程都制定了严格的规定、标准和程序。服务员就要按照这些规范、标准以有序的服务来满足客人各种常规性的需求，这是每一位服务人员必须要掌握的。不仅要做到熟练，还要做到灵活，只有这样才能在服务中做到恰到好处、运用自如。

【案例二】敬语缘何招致不悦

一天中午，一位住在某饭店的外国客人到饭店餐厅去吃中饭，走出电梯时，站在梯口的一位女服务员很有礼貌地向客人点头，并且用英语说："您好，先生。"客人微笑地回答道："你好，小姐。"当客人走进餐厅后，引台员说出同样的一句话："您好，先生。"那位客人微笑地点了下头，没有开口。客人吃好中饭，顺便到饭店的庭园中去遛遛，当走出内大门时，一位男服务员又是同样的一句："您好，先生。"这时客人下意识地只点了下头了事。等到客人重新走进内大门时，见到的仍然是那个服务员，"您好，先生"的声音又传入客人的耳中，此时这位客人已感到不耐烦了。他默默无语地径直去乘电梯准备回客房休息。恰巧在电梯口又碰见了那位小姐，自然是一成不变的套路："您好，先生。"客人实在不高兴了，故意装作没有听见似地，皱起眉头，而这位服务员小姐却丈二和尚摸不着头脑！

这位客人在离店时给饭店总经理写了一封投诉信，其中有这样几句："我真不明白你们饭店是怎样培训员工的？在短短的中午时间内，我遇见的几位服务员竟千篇一律地简单重复着一句'您好，先生'，难道不会使用些其他语句吗？……"

【案例分析】

1. 在饭店培训员工的教材中规定有"您早，先生/夫人/小姐"、"您好，先生/夫人/小姐"的敬语使用范句。但是服务员们在短短时间内多次和一位客人照面，不会灵活地使用敬语，也不会抱以不同的表情，结果使客人听了非但丝毫不觉得有亲切感，反而产生厌恶感！

2. "一句话逗人笑，一句话惹人跳"，指的是语言表达技巧不同，所产生的效果也就不一样。饭店对各个工种、各个岗位、各个层次的员工所使用的语言做出基本规定是必要的，然而在实际工作中，不论是一般的服务员、接待员还是高层管理人员或者部门经理，往往容易因为使用"模式语言"而欠缺灵活，接待客人或处理问题时，语言表达不够艺术，以至于惹得客人不愉快，甚至投诉。所以，要提供优质的服务，一方面要求服务管理者根据本行业的特点制定出服务的标准规范，另一方面要求服务实施者能够具体情况具体分析，灵活变通。

【案例三】是"用饭"不是"要饭"

六月初，部门刚报到一批实习生，由于人手不足，刚参加了三天培训就安排他们提前上岗。一天中午一个来自深圳的旅游团正在用餐。当服务员小李发现一位60多岁的老年人的饭碗已空时，就轻步上前问道："先生，您还要饭吗？"那位先生摇了摇头，小李接着又问道："那么先生您完了吗？"我把这个碗收走好吗？只见那位先生冷笑起来："小姐，我今年已经60多岁了，自食其力，这辈子还没落到要饭吃的地步，怎么会还要饭呢？我的身体还硬朗得很呢，一下子不会完的。"服务小姐顿时哑口无言。

【案例分析】

这是一个典型的"服务用语不规范"的案例。案例中，服务员小李尽管"轻步上前询问"，并用了"请问"、"先生"等礼貌用语，但由于"要饭"、"完了"两词明显不合规范，导致了客人的不满。假如服务员用礼貌规范的服务用语"请问先生需要加个米饭吗?""那么，先生您吃好了吗?"，就不会出现那么尴尬的场面了。

在日常的服务中，服务员应该注意选择适当的词语。譬如，在询问客人是否需要加点醋时，应该说"先生，要不要加点醋?"而不是"先生，您吃醋吗?"可以用"富态"来代替"肥胖"，用"苗条"来代替"清瘦"，用"腿脚不方便"来代替"瘸子"，用"洗手间"代替"厕所"，用"老太太、老先生"代替"老太婆、老头子"等。

餐桌服务除了服务用语要规范外，服务员还要注意：

(1)要知道适时主动询问客人是否需要添加米饭。如果等到客人提出才打饭，服务就变得被动了。被动的服务容易产生几个问题：①要找服务员时，服务员可能在忙别的事情而找不到；②客人找了一位不负责这张台的服务员，工作起来容易出问题；③如果这时服务员恰好在忙别的事情，容易顾此失彼。

(2)要记住是谁点的米饭。

(3)要连带完成其他工作。向客人询问时，可以检查菜肴有没有上齐，要不要催菜；茶水要不要加；烟盅要不要换等。进入备餐间打饭时顺便把这些工作完成，这样一来既效率高又减轻了工作压力，客人又满意。

(4)要注意拿碗姿势。空间拿水杯的手法很特别：用手托住杯底。这样保证不会在给客人的水杯上留下服务人员的指印、不卫生。

(5)不能扭头就跑。客人要求服务时有些服务员经常是听完客人的要求后扭头就跑。客人心里很不舒服，不知道服务员是否会完成他的要求。

【案例四】工作需要做到忙而不乱

星期六，预定了1700多人，听到了这个数字我们大堂吧的姐妹非常高兴，又可以大干一场了，想象着今天的营业额，可能会比平日翻好几倍，我们相视一笑。

下午3点以后，正是出场客流量的高峰期，大堂吧宾朋满座，站着的客人也不少。我们在其间穿梭着，这位客人要汽水，那位客人要面包。"一份拿破仑蛋糕"，我应声而来，麻利地开单，告诉客人说："8块钱，谢谢!"女客人从包中取出一张百元大钞给我，我接了钱，准备到收银处交钱。为了提高工作效率，我同时对旁边的同事小赵说："麻烦你帮这位女士取一份蛋糕。"小赵说："好。"在收银处那边买完单，我拿着找回的92元钱来到保鲜柜前，问小赵："是这位女士吗?"小赵用肯定的语气指着站在我们前面的那位女客人说："对，是她。"我想小赵就是把蛋糕给了这位女士吧，正好客人发话了，"找我钱啊。"我于是把92元钱给了这位女士，转身又去做别的事情了。过了几分钟，一个吃着蛋糕的女士问我："你怎么没找我钱呀。"我很纳闷："咦，我刚刚给你找钱了呀。"但是客人坚持说："没找呀，不信你翻我包。"我请她坐下，安排好客人，便找到小赵，共同回忆当时找钱的情形，但是，很遗憾，小赵记不起来她拿出的蛋糕是给了哪位女士？而我也没有记清小赵为我所指出的找钱对象的特征。因此，我们只得找另一位同事小姜帮忙，从别处借来92元还给了这位说没有找她钱的女士。副理过来后，为我们调出监控录像查看当时情况，可惜看不到，最后决定由我赔偿92元的90%，小赵赔10%。事情虽然过去了，但这个教训让我们悟出了很多，我想这是一种进步，一次成长。

【案例分析】

此案例发生在节假日客人离场高峰期，由于员工自身疏忽而导致找错了钱。越是忙时越要求我们员工做到忙而不乱，尤其在接触钱款等时，更要做到细心，仔细确认。如买单也尽量请客人到收银处买单，避免不必要的失误。

【思考与讨论】

1. 温泉服务企业有哪些服务用语规范？
2. 什么是服务标准化，服务标准化包含哪些内容？
3. 如何将旅游者期望值转化为量化的服务标准？

六、服务时机

在消费者心理学中,时间不仅是一种自然资源,而且是影响消费者购买的重要经济变量,因此它也就成为影响顾客对旅游服务质量评价的重要心理变量。服务人员只有把握好服务时机,才能恰到好处地为顾客提供优质的服务。

1. 第一时间服务

服务的第一时间包括两个方面:一是在客人提出服务要求时,能在最短的时间内予以满足;二是发生服务过失出现客人投诉时,能以最短的时间予以解决和反馈。前者能提升服务效率和服务质量,并能给客人留下良好的服务印象之后者能在减少服务过失造成的损失的同时,增强客人对温泉企业的信心和信任度。对客人第一时间服务意识的确立,有利于增强客人对旅游企业的信任感和忠诚度,提升温泉企业信誉、口碑和形象。

2. 关键时刻

关键时刻是指旅游服务过程中直接与客人打交道的时间,即对客服务中的客我接触时间。通常面对客人的一线部门岗位在对客服务中都存在着客我接触时间,这些岗位在企业运作中常作为关键岗位。如在温泉企业里,礼宾员主动为客人开车门的时刻是关键时刻,前台登记员为客人登记的时刻是关键时刻,更衣服务员帮顾客更衣的时刻是关键时刻。总之,哪怕客人与温泉企业的任何接触有多么微不足道,但都是企业给客人留下印象的机会。由于旅游服务质量与关键岗位上的员工每一次关键时刻的表现紧密相关,因此,关键时刻意识要求关键岗位上的服务人员在服务提供过程中要把握好每一次的客我接触时间,通过保证每一次的客我接触质量来保证整体服务质量。

3. 服务过程

服务过程通常由服务准备阶段、服务阶段和服务后阶段组成。在准备阶段,温泉各部门在为客人提供服务之前应做好物质和精神准备;服务阶段是服务全过程的关键部分,其服务质量高低直接影响到客人的满意度和温泉企业的声誉;在服务后阶段,主要是通过各种形式的顾客意见反馈,收集客人对所接受服务的意见信息,了解各项服务的质量问题,及时做好服务补救工作以便在以后提高服务质量。服务过程与全面质量管理中的全过程服务质量管理相对应。

【案例一】关键时刻服务

有一天,某温泉客房部的服务员小王,一上班就得知下午3点有50位客人到来,正好服务中心有个中班,于是她申请去礼宾部帮忙。正如小王所料客人到大厅后人声鼎沸,她很快办理了第一个入住手续,迅速到大堂后小王仍发现有位男客人在前台徘徊、张望,于是她上前询问,以熟练的工作技能快速办理了这位客人的入住手续。过了不久小王回到服务中心又接到了此客人的电话,得知门锁没电了。但换门上的电池至少要15分钟,而客人入住时她发现客人已很疲惫了,所以试探性地问客人现在是否要休息。客人说:“是的。”为了不让客人久等,又刚好有空房,经过申请得到直接答复可以给这位客人换房。因为小王一直为这位客人服务,所以上去主动帮助客人拿行李,但看见这位先生的左手手背上有一处约30毫米的伤口。当时建议让值班医生过来给他看看,但是这位先生谢绝了。后来小王怕客人的伤口在泡温泉时会有感染,所以就拿了两个创可贴和红花油来到了客人房间,客人开了门,小王说明来意,客人接过物品握住小王的手说:“王小姐,遇到你很开心,谢谢你的关心,我相信我们会住得很愉快的。”而小王也因付出的真心服务得到客人的肯定而欣慰了一番。

【案例分析】

1. 案例中的小王是个非常热心和细心的人,她能及时察觉到客人还在等待入住手续的办理,并提供娴熟的服务,减少了客人等待的时间。并且能及时体察,为客人着想,周到细心让客人满意,从而避免了客人的投诉。最可贵的是,客人手背上的伤口引起了她的重视,并适时为客人送去创可贴和红花油,让客人体验到了家人般的关心。试想客人出门在外,在入住的酒店能得到这样的关心和照顾,心里一定是充满感动的。正是小王及时观察到客人的需要,并不失时机提供恰到好处的服务,才为温泉企业赢得了客人的心。

2. 如何做好关键时刻服务?

(1)敏锐的洞察力是前提。作为一名优秀服务员,首先要学会用敏锐的眼光去观察。

(2)快捷的行动是关键。当经过观察、分析、推断之后,就要在脑海里得出下一步服务的答案,并在最短的时间内,提供服务。

(3)广博的知识面是基石。应该让自己成为一名知识型员工,让广博的知识为你的服务插上双翼。提高你的悟性、服务意识以及观察分析问题的能力,让每一个精彩的瞬间服务令客人惊喜感动。

(4)讲话艺术是催化剂。在为客人提供瞬间服务时,不仅语言要亲切,还要配合得体的眼神、微笑、动作等体态语言。因为客人更在乎你怎么说,而不是你说什么,所以,在说话的时候一定要讲求艺术性。

(5)独具匠心的个性化服务能让瞬间服务升华。

【案例二】一曲《梁祝》带来的意外收获

正值晚餐时间，餐厅里高朋满座、弦乐飘扬，宾客们沉浸在温馨的艺术氛围中。但所有的演奏曲目皆由琴师自行安排，并没有安排点曲服务。

实习生小林，在她所在的服务区域服务客人时，偶然听到一对美国夫妇在谈论：昨晚在杭州东坡剧院看了《西湖之夜》的演出真是非常棒，特别是《梁祝》的曲子特别好听，如果现在也能听到就好了。实习生小林听到这番英文对白后，马上走到琴师面前说明情况，请他们演奏一曲《梁祝》。随即一曲优美的《梁祝》飘荡在餐厅里，小林看见那两位客人惊奇地抬起头，脸上露出惊喜的表情。小林微笑着走到两位客人身旁，低下身来悄声对客人说："这首《梁祝》送给你们，祝二位今晚心情好！"两位美国客人竖起大拇指，连声道谢。高兴之余又点了许多菜肴与酒水，为餐厅增加了几百元的消费。

【案例评析】

这是典型的超前、超值服务的案例。服务中要善于捕捉服务时机，才能发现客人需求，提供恰到好处的服务。在客人最需要的时候，服务员提供他所需服务，客人才最满意。餐厅服务员在做好分内工作的同时，应善于观察倾听，反应机敏，及时捕捉服务时机，以巧妙地满足客人，让其获得精神享受。两位美国客人内心的美好愿望得以意外实现，给他们带来了分外的惊喜，随之就化为对饭店服务的感激，甚至增加了消费，这就是服务的魅力。

好的服务员不仅仅需要满足客人提出的要求，更需要善于发现客人的需求，超越客人的期望，才是"超五星"的服务水准。

【案例三】沙发上怎么多了一条浴巾

五月中旬，一位菲律宾侨商在酒店入住了一周，目的是考察投资环境。晚上夜班服务员在为这位客人做夜床时发现，客人每天都会在沙发上盖一条浴巾，这一细小的习惯，立刻被服务员捕捉到了。次日，在清洁房间卫生时，服务员不仅按标准更换了规定数量的浴巾，而且主动多放置了一条浴巾，并按客人的习惯将浴巾铺在沙发上。菲律宾侨商在最后离开时，主动要求见总经理，高兴地对总经理说："你们的服务真是很细微、细心，让人觉得坐上沙发就像回到家里一样。下次来，一定再住贵酒店。"

【案例评析】

消费者对服务的需求不断发生变化，对个性化服务的需求已突出地显现出来。

何谓“个性化服务”？美国著名营销学家瑟普丽诺和所罗门指出：个性化服务的含义是因人而异。个性化服务就是服务人员根据个体及特殊群体消费者的特点、要求，提供相应的优质服务，使其在接受服务的同时产生舒适的精神心理效应。个性化服务相对于标准化服务的最重要区别在于，前者要求更为细微的主动服务。

这是一个个性化服务的典型案例。本案例中的服务员如仍仅按标准规范更换浴巾，客人也无可非议。这位服务员在严格遵守规范的同时，却不拘泥于规范与标准，而是灵活运用，额外再多给了客人一条浴巾，以满足客人这一特殊习惯。这一细微的服务，使客人感到亲切温暖，感受到了体贴入微的照顾。

这个例子告诉我们，高水平的服务并不是高深莫测的，就体现在点点滴滴细微之处。每个服务人员要像本案例中的服务员那样，灵活运用规范与标准，才能使日常操作升华到个性化服务的境界。如果仅有标准服务，那无论如何也不可能使客人完全满意，也不可能提供超值服务。

【案例四】小孩睡着以后

一天中午，餐厅来了一桌家庭消费客人，其中一位女士还带了一个3岁左右的小孩，服务员把客人引到15号台。点完菜，客人便开始用餐。那位小孩吃了一会儿，就躺在妈妈的怀里睡着了，没办法，那位女士只好抱着熟睡的孩子继续用餐。而隔桌几位客人正在喝酒声音很大，餐厅领班发现了这个情况，就走了过去，问：“这位小朋友是不是睡着了？”那位女士说：“是的，怎么了？”领班马上接着说：“可以让小朋友到我们的VIP包房去睡。那里有空调、沙发，小朋友可以睡得比较舒服，而且不容易感冒，您也可以轻松地用餐，您看怎么样？”那位女士听完后非常高兴，两个人一起把小孩抱进房间，领班还为熟睡的小孩准备了一条毛巾。那位女士感动地说：“您想得太周到了，谢谢您！这里的服务真好，我们下次一定再来！”

【案例评析】

想客人所想，急客人所急，预见客人需求并予以满足，这是服务质量高、个性化服务的一个重要表现。我们都知道抱着一个熟睡的孩子吃饭一定不容易，当然即使领班没有帮助客人解决问题，客人也不会认为该餐厅服务不好或是进行投诉。但当领班为客人解决了难题，餐厅给客人留下的印象恐怕就会非常深刻，一个回头客也许就由此产生了。

从某种意义上说，服务有章法，但又无定法。有时候，服务规范上没有的服务内容或方式常常能够达到意想不到的效果。这些服务细节可以在服务培训过程中多加提示，当然，更多的是要靠每个服务人员在服务过程中用心体会积累经验。

【思考与讨论】

1. 如何做好关键时刻服务？
2. 温泉企业服务人员如何选择服务时机？
3. 服务过程由哪几个阶段组成，各阶段服务质量对顾客满意度有哪些影响？

七、服务适度

适度服务是指服务要根据目标市场的要求，以合理的成本，为目标市场提供满意的、恰到好处的服务。服务适度包括服务质量的适度、服务方式的适当、服务内容的适当、服务热情的适度以及服务空间距离的选择等。

旅游企业没有提供适度服务的表现主要是：服务不足和服务过度。服务不足和服务过度，均会让客人不满意，对酒店形象也会产生不良的影响。

1. 服务不足

服务不足是指服务人员向客人提供的服务没有达到应有标准，或者是远远低于客人对服务质量的期望值。造成服务不足的原因是多方面的，如旅游企业的服务规范不健全、不合理；服务员服务意识不足或者没有得到应有的培训，服务知识欠缺等。

2. 服务过度

服务过度是指由于各种原因，温泉企业提供了不为客人接受、认可并干扰客人在饭店正常消费的服务项目、内容和方式。就客人的需求而言，无需求本身也是一种需求。对于温泉企业来说，服务过度的实质是企业没有满足客人无需求的需求，从这一点来说，服务过度是服务不足的另一种形式。

【案例一】出租车来了几辆

张先生到某温泉度假，退房时服务员来房间拿行李，问道："要叫出租车吗？"

他心想服务还真不错。

"那就拜托了。"

"去哪里？"

"××大厦。"

在前台结账时，女收银员问道：

"先生要叫出租车吗？"

"要。"

"去哪里？"

"××大厦。"

结完账走出大厅，门口的引导小姐走了过来。张先生暗想，肯定要问出租车的事儿。果不其然：

"先生要叫出租车吗？"

"要。"

"去哪里?"

"××大厦。"

走出酒店旋转门,门口站着服务生。

"先生要叫出租车吗?"

"要。"

"去哪里?"

"××大厦。"

服务生向附近等待的出租车招手,把行李放进了行李箱里。这时司机问道:

"先生去哪里?"

【案例分析】

虽然四个服务员热情地询问了张先生要去的目的地,但结果却没有一个人把这个信息传递给司机。

很明显,他们每个人都在努力试图做好,从中也能感到酒店在培训员工上的努力,虽然他们的态度都不错,能够面带微笑,但是,这样的服务是空洞的,关键环节的漏洞反映了对顾客需求的缺少用心,也就不能真正让客人满意。

【案例二】VIP 的水果

王先生是某饭店的 VIP 客人,他住进这家酒店,时常有这样的感觉:所到之处,虽然四周金碧辉煌,员工热情礼貌,服务无微不至,但总有一种不太自在的感觉。

酒店对"重点接待"有一个行业惯例,即在重点客人的客房摆放水果、鲜花和总经理名片。酒店为显热情,无论客人住的时间长短、喜好如何,通常是备了香蕉、葡萄、梨、苹果以及当地时令水果七八种,把客房唯一的茶几占得满满的,连放一个烟灰缸的位置都没有。王先生想,对于我这样一个入住时间不长、每天都有水果伺候、终日酒肉饱食的客人而言,是根本顾不上吃、也吃不了这么多水果的。时间一长,水果变味变质了,散发出不好的味道。客房服务员也不知道是撤还是留,结果房间终日弥漫着一种烂水果的气味。有一次,王先生到饭店,这次饭店更"周到",把西瓜、香蕉、柑橘等都去皮弄成小块摆好。虽然这种接待是事先周密准备的,而且水果师也精心制作了,但看上去给人一种很不美观和不洁净的感觉。王先生往往也是不吃的。这种做法不仅浪费,还给客人"弄巧成拙"的感觉,完全是一种过度的服务。

【案例分析】

服务过度的表现形式可以根据引发服务过度的主体不同,分为两大类。一是流程式服务过度。二是非流程式服务过度。这里主要讲流程式服务过度。流程式服务过度是由于温泉企业中服务流程设计不合理引起的，主要体现在：

一是温泉企业流程规定的一些服务项目是一些客人不愿意接受或者给客人带来了负面影响的。例如：当客人因自尊、情绪、个人癖好、意外情况、即时要求等原因，需要有一个不被干扰的私密空间，然而服务人员仍然按照服务流程的规定机械地为客人提供可能干扰客人的服务项目，这就是不知变通、服务方式完全程式化。特别是在温泉旅游中，有的客人可能不想在更衣的时候，有服务员帮助，如果服务员还是按照程序，热情为顾客更衣，反而让顾客觉得不舒服。

二是温泉企业在某一项或针对某一类客人的服务中提供了过于重视礼节、烦琐甚至铺张的服务内容，过分热情反而给客人留下了服务缺乏真诚的印象。只有对宾客真诚的、发自内心的关爱，才称得上是热情的服务，反之，则是虚情假意、矫揉造作。有些宾客反映，多数温泉等旅游企业的确做到了微笑服务，但总让人感觉是一种机械的、职业化的微笑。有时在某些尴尬场面甚至是紧急情况下，服务员依然是慢条斯理地微笑，全然不顾宾客当时的心情，这反而会令人反感。

【案例三】微笑也要有分寸

某日华灯初上，一家饭店的餐厅里客人满堂，服务员来回穿梭于餐桌和厨房之间，一派忙碌气氛。这时一位服务员跑去向餐厅经理汇报，说客人投诉有盘海鲜菜中的蛤蜊不新鲜，吃起来有异味。

这位餐厅经理自信颇有处理问题的本领和经验。于是不慌不忙地向投诉的客人那个餐桌走去。一看，哟，那不是老主顾张经理吗！他不禁心中有了底，于是迎上前去一阵寒暄："张经理，今天是什么风把您吹来了，听服务员说蛤蜊不大对胃口……"这时张经理打断他说："并非对不对胃口，而是我请来的香港客人尝了蛤蜊以后马上讲这道菜大家千万不能吃，是有异味变了质的海鲜，吃了非出毛病不可！我是东道主，自然要向你们提意见。"餐厅经理接着面带微笑，向张经理进行解释，蛤蜊不是活鲜货，虽然味道有些不纯正，但吃了不会要紧的，希望他和其余的客人谅解包涵。

不料此时，在座的那位香港客人突然站起来，用手指指着餐厅经理的鼻子大骂起来："你还笑得出来，我们拉肚子怎么办？谁负责任啊？而且不光是为我们支付治疗费那么简单……"这突如其来的兴师问罪，使餐厅经理一下子怔住了！他脸上的微笑变成了哭笑不得。到了这步田地，他如何思量下台阶呢？他在想，总不能让客人误会刚才我面带微笑的用意吧，又何况微笑服务是饭店员工首先应该做到的。于是他仍旧微笑着准备再作一些解释，不料，这次的微笑更加惹起那位香港客人的恼火，甚至摆出了想动手打架的架势，幸亏张经理及时拉拉餐厅经理的衣角，示意他赶快离开现场，否则简直难以收场了。

【案例分析】

1. 处理投诉时，服务人员不应该由于与客人熟识而一味想希望对方包涵息事宁人，相反应该一视同仁，诚恳虚心接受任何一位客人的意见。如果能站在客人张经理的角度，考虑其处境或考虑到客人吃不到新鲜的蛤蜊以后，可能会产生的种种后果，那么那种僵局可能不会出现。事实上由于餐厅经理考虑不周，结果微笑服务反而走向反面，引起了不愉快的结局！

2. 要懂得，微笑服务固然应该经常提倡，但也并非是到处可以套用的化解问题的最好方式。在不同的场合，微笑也要有分寸。

【思考与讨论】

1. 什么是服务不足，如何避免服务不足？
2. 什么是服务过度，如何避免服务过度？
3. 流程式服务过度主要体现在哪些方面？

八、服务创新

服务中要善于捕捉服务时机，才能发现客人需求，提供恰到好处的服务。在客人最需要的时候，服务员提供他所需服务，客人才最满意。服务员在做好分内工作的同时，应善于观察倾听，反应机敏，及时捕捉服务时机，以巧妙地满足客人，使其获得精神享受。让客人内心的美好愿望得以意外实现，带来分外地惊喜，随之就化为对服务的感激，甚至增加了消费，这就是服务的魅力。

好的服务员不仅仅需要满足客人提出的要求，更需要善于发现客人的需求，超越客人的期望，才是“超五星”的服务水准。

1. 温泉度假客人的不同需求和行为特征决定了必须进行服务创新

由于温泉度假酒店的客人有着许多不同于一般常规观光或商务旅游客人的需求与消费特征，这就要求温泉度假酒店需依照温泉度假客人的具体特点来对服务进行创新完善。温泉度假酒店必须打破常规酒店传统的服务形式，仅仅单一地按照常规商务酒店服务模式进行服务是不够的。温泉度假客人的旅游动机在于追求身心疗养和休闲放松的心理、生理享受，他们为了享受自然、放松身心、休闲度假而来，希望在温泉度假酒店里是舒适自在的。因此，在传统服务强调简约一致、高效率的基础上，温泉度假酒店还应传递出一种舒适周到、体贴入微又让人十分自在的感觉，这就要求温泉度假酒店的服务要做到细节化、人性化。通过每一位员工友好而温暖的创新高质量服务，最大限度地消除客人的紧张情绪，减少客人的陌生感，创造一个让客人感到快乐舒适、幸福愉悦的度假环境。

2. 市场需求的不断变化决定了必须进行服务创新

随着社会经济的发展和人民生活水平的提高，度假客人的需求也在不断发生变化，需要更多样化和个性化的服务。酒店提供给度假客人的一部分服务实际上已不能满足客人的要求。另外，体验消费的兴起，要求酒店不仅要提供能满足客人生理需求的产品与服务，还要让消费者从中获得满足和愉悦的心理体验，使客人享受度假。这就要求温泉度假酒店必须与时俱进，依据现实市场需求加大服务创新力度，以适应消费需求和消费环境的不断改变。

3. 行业日益激烈的竞争决定了必须进行服务创新

温泉旅游成为了一种新的休闲康体时尚，相应的温泉度假酒店数量也在日益增多，从而导致整个温泉行业竞争日益激烈。温泉度假酒店都是以温泉水为主要销售产品，温泉水质虽然有成分、功效上的不同，但大体上不会影响度假客人对目的地的选择。然而，优质的服务，却在一定程度上成为客人第一选择要素。整个温泉行业都在进行服务提质，不断完善自身软硬件服务条件，从而吸引更多的客人。

这就导致整个温泉行业竞争更加激烈，也进一步要求温泉酒店必须进行服务创新。只有不断进行服务创新，才能从整个温泉行业大军中脱颖而出。

【案例一】书伴着您入梦的客房

秋日的傍晚，戴维斯夫妇泡完温泉后到达客房部。客房部前台接待处的设计是坐式的，给人温馨如家的感觉。戴维斯夫妇在办理入住手续的间隙，看见前台的背景好似书架，摆放着许多书籍，便好奇地问领队：这些书籍是真的还是假的？领队回答：全是真的书，因为酒店的旁边开着一家大的书店。戴维斯夫妇带着好奇离开前台进房间休息去了。

第二天早上9点，领队来到了酒店，准备带戴维斯夫妇开始杭州之旅。戴维斯先生见到领队便说，这家酒店内的客房里也摆放着许多全球畅销书籍。当他正在为看不懂电视上的大部分节目而犯愁时，正好看到一本《迪尼儿童故事书总汇》(*Diseny' s Storybook Collection*)，读着读着就睡着了。

戴维斯夫妇原本想在美国购买此书，作为圣诞节的礼物送给他的孙子，正好这酒店的客房里有这本书，他就顺便把它买回去了。戴维斯夫妇激动地告诉领队："这本书收入了《白雪公主与七个小矮人》、《美女与野兽》等儿童们喜欢的脍炙人口的故事，我的小孙子一定会喜欢的。"领队回答道："反正明天早上你们还有半天自由活动的时间，下午才离开杭州，明天早上可以去书店逛逛。有喜欢的书籍，告诉售书小姐，付款后，售书小姐通知酒店的行李员，行李员会将您购买的书送到您的房间。"戴维斯先生惊讶地说："这么方便吗？我一定要去看看。"领队接着说道："即使不买书，在那么大的书店里走走看看，也很有意思。"

第三天下午当领队送戴维斯夫妇去机场时，看见他们多了些行李，戴维斯先生面带微笑满意地告诉领队：这就是他当天上午逛书店的收获。

【案例评析】

酒店是"家外之家"，满足不同客人的需求。酒店不仅仅是提供住宿的场所，酒店提供的服务也是形式多样、变化多端以方便客人。

这家酒店在客房里布置各类书籍，且往往选择的是全球畅销的书，既可以作为装饰之用，又可以方便客人阅读与购买。与此同时，他们也考虑到了外国客人看不懂大部分中国电视节目这一特点，提供了外文书籍，可以作为他们消遣阅读之用。这样的人性化服务，赢得了中外来宾的好评。从另一个角度来讲，这样的举措方便了书店出售书籍，也是酒店的营销的一个亮点，可以说是酒店与书店合作的典范，起到了"双赢"的效果。

【案例二】枕头选择服务

泡完温泉后，人们需要的是一个美好的睡眠。"十里不同风，百里不同俗"，每个人的习惯都有所不同。有些人或许就有认床而睡的习惯。客房部恰恰考虑到了这一点，让人们惊讶之余，更多的是感到满心的欢喜。

出差在外，最怕陌生的环境，往往使有些人翻来覆去睡不着。今年夏天我出差泡完温泉后入住酒店，忽然发现床头柜上摆放着一张小卡片，仔细一看，上面印有"晚安"字样，小卡片上还罗列着为客人准备的三种可选的睡眠枕头，分别是：荞麦枕、木棉枕及鸭绒枕。为了试探酒店该客房服务的虚实，我拨通了服务中心的电话。服务中心在了解了我的要求之后，让我稍等片刻。不久，服务员就将我要的木棉枕头送来了。使我在感叹客房服务效率之高的同时，心里也感到很温暖，仿佛回到了自己的家，习惯的枕头让我一觉睡到大天亮。

【案例评析】

酒店的"枕头选择服务"，不仅仅在酒店服务中是一个独特的构思，同时它也体现了现代化酒店管理服务中最为重要的"人性化服务"。许多酒店都打出"人性化"服务的口号，但是又有几家能做得很完美呢？案例中酒店的"枕头选择服务"从人们的根本需求着手，既满足了宾客细腻的需求，又能树立酒店的良好形象及"口碑"，让宾客能再度光临酒店。的确，酒店的设施、环境、人员素质都很重要，但是，酒店的服务足够有创意，足够贴心，才能让酒店在竞争中脱颖而出。酒店这一细微的服务，让每位宾客在泡完温泉后，都能拥有一个甜美的梦。

【案例三】"叫早服务"从电视机的音乐声开始

来到传统的北欧国家、欧洲第七国芬兰旅行的时候，第一站抵达的是享有"千湖之国"美誉的芬兰首都——赫尔辛基，所下榻的饭店是 Holiday Inn Hel*sin*ki City West（赫尔辛基城西假日酒店）。这家 2005 年才开业的假日连锁酒店，无论是大堂、餐厅的设计，还是客房的色彩搭配，无不给人留下一种简洁、明快的感觉，各种设施及服务充满着"以人为本"的新理念。

色彩搭配明快的客房里，写字台上摆放着总经理用芬兰语、英语、瑞典语写的一封致顾客的信，其中一段是这样写的：

为使您的下榻轻松自如，在平日早上 6:30 至 9:00 您可以在使用早餐时享受办理退房手续的服务。我们将尽最大的努力使您的逗留尽可能地轻松愉快。我们的员工非常乐意为您服务。

读了这封简短的信，让我的心顿时拉近了与赫尔辛基城西假日酒店和芬兰的距离，觉得它是那么遥远的国家，又是那样地亲切贴近。于是，我向总机定了第二天7:00的叫早服务，之后，便安心地睡觉了。第二天，在睡意蒙眬中，被电视机传出的音乐声叫醒，心理正纳闷，怎么电视机会自动地响起来？出于职业习惯看了一下手表，正是7:00，难道是昨天预约的叫早服务吗？正当心里在寻找答案时，电话铃声响起来了，电话那头传出了“这是您的叫早服务，祝你愉快”的声音。之后，我看了电视机上的主菜单，有叫醒服务、留言服务、账单查检、收费电影索引等诸项服务，顾客在这里可以通过电视机自主查看酒店所提供的各项服务。于是，我完全明白了，原来电视机里发出的音乐声是总机通过与客房互动的终端设置而成的。

【案例评析】

以人为本——IBM公司创始人托马斯·沃森有一句格言：“一个企业在其生命历程中，为了适应不断改变的世界，必须准备改变自己的一切，但是决不放弃自己的信念。”没有信念的企业，就像临时拼凑起来的草台班子，很容易散掉、崩溃。“以人为本”管理是促进酒店文化建设的保证。赫尔辛基城西假日酒店在大厅、餐厅、客房的颜色搭配和环境布置上，处处体现“以人为本”的核心理念。特别是酒店各处同时使用三种语言的问候（因为芬兰曾受过瑞典的统治，英语又是全世界通用的语言，故这三种语言在该国都通用），给人以尊重和和谐的感受，这不仅赢得了客人的满意，更凸显了该酒店的企业文化、企业的价值观。酒店文化是一个极富张力和弹性的概念，只有“以人为本”的理念才是现代酒店企业文化的核心和灵魂，吸引客人之道。

电子信息技术给服务业带来的益处——但凡住过星级酒店的人都知道，传统的酒店都会将叫早服务设置成电话铃声，即使在豪华的酒店也无非就是音乐或者铃声，而假日酒店管理集团欧洲区域却把电话铃声叫早改成了电视叫早与电话铃声叫早并用的双重叫早形式，高科技的终端技术把清新、和谐的音乐渐渐传入梦中人的耳朵，既叫醒了客人，又不至于使客人被那“嘟嘟嘟”的电话铃声所吓到。这样的双重保障，消除了旅游者对以往酒店单一电话叫早服务的担心。假日酒店管理集团不仅提供了高科技的叫早服务，留言服务、个人消费清单服务也可以通过电视自助查看。这不仅给客人提供了极大的方便，也提升了系统服务的品质。值得业界学习、借鉴。

【案例四】小鸟在大堂欢唱

傍晚，大堂宾客熙熙攘攘。前台，领队正在为一个西班牙旅游团办理手续。整个旅游团共有35位客人，办理入住手续花费的时间比较长。所以，客人们都围着一个大大的木制笼子在欣赏着什么……

原来，木制笼子内养着一小群鸟，客人们都在指指点点欣赏着鸟笼里的鸟。等候的时间就这样不知不觉地过去了，很快领队分好了钥匙，客人一一拿到了钥匙。

当客人拿着自己的钥匙走向温泉池时，还不忘与小鸟飞吻告别……

【案例评析】

随着服务个性化的呼声日益高涨，加上行业竞争的日趋激烈，企业总是想方设法设计新颖时尚的服务方式和手段来满足客人的需求。在大堂的装潢和布置方面都各具特色，同时又与时俱进，注重创新和突破。有的大堂壁画让人心胸开阔，感叹祖国山河的美好；有的大堂室内喷泉让人驻足流连，而案例中室内鸟笼的设计，让人耳目一新。

创新永远是一个年轻富有生命力的话题。因为它一直站在时代的前沿，反映人们对美好事物的孜孜追求。

不断突破创新，为我们呈现一幅百家争鸣、百花齐放的画面。注重细节，为客人提供满意而超值的服务现在正在成为服务的一个宗旨。案例中酒店拥有如此有创新和有趣味的服务设施，一定会让游客体会到身在天堂的感觉。

【案例五】碧水湾特色服务的创新

碧水湾倡导的温泉服务是一种全程服务，温泉度假酒店的员工必须持续、不间断地全心全意照顾客人，从客人入门到客人出门，都要实行全员、全方位、全过程、全天候和多层次的服务，力求让每位客人感受到无处不在的关怀。

1. 温泉前台服务

一些客人对温泉的泡浴常识很熟悉，但有许多客人没有基本的泡浴经验，适当加以温和引导，就显得尤为重要。碧水湾对第一次光临的客人进行简单的填表记录，记录其基本的身体状况、简短的医疗经历、最近使用的身体和面部保养品以及生活习惯。其中适当的技术分析涉及以下几个方面：

(1)皮肤类型；

(2)皮肤状况；

(3)指甲的类型与状况；

(4)肤质和颜色。

最后这几项记录被妥善保存并不断更新来说明温泉沐浴保健带来的益处。

2. 温泉沐浴服务

在从化碧水湾温泉度假村，温泉部要求每一位员工做到“三十八个一”服务：

公共区域：一个亲切的三项礼仪；一个及时的保鲜袋或密封袋；一个及时的烟灰缸；一条清香的柠檬冰巾或热巾；一杯清凉的冷饮或一杯温水；一个团结协作的

集体挥手送车服务；一句适当的赞美语；一个耐心的搀扶服务；一根棉签；一个精神焕发的仪容仪表；一个快速的广播找人服务；一个快速的跑动；一次耐心的倾听；一次用心的沟通；一条温暖的“盖或披毛巾”服务；一个快速的反馈服务；一次主动提行李服务；一个主动的点烟服务；一个尊重客人的半蹲式服务；一次免费的青瓜面膜服务；一个娴熟的缝补服务；一个全面的介绍。

温泉大堂：一个主动的出门迎客，迎客标准到水泥路边；一次根据客人身高量体裁衣派发钥匙牌服务；一个主动的替客人开车门服务；一把遮阳伞或雨伞。

男女宾：一次免费的吹头发服务；一次免费的擦皮鞋服务；一次及时的泳衣、泳裤脱水服务；一次方便的泳衣、泳裤寄存服务；一次感动客人的洗袜子服务；一次及时规范的摆拖鞋服务；一次主动地为客人开柜门、挂衣服服务；一个浴帽服务；一条垫脚巾；一条橡皮筋。

露天：一顶草帽；一次精心的房间布置；一个主动的替客人开车门服务。

休息厅：一次精心的房间布置；一次及时的摆拖鞋服务。

在这些创新服务内容中，“一个团结协作的挥手送车服务”及“一次根据客人身高量体裁衣派发钥匙牌服务”令人印象深刻，场面十分感人。很多客人对这些创新服务印象深刻，表示受到了很大的尊重，感人至深，从而更愿意再来碧水湾。需要特别指出的是，“一次根据客人身高量体裁衣派发钥匙服务”，要求温泉前台人员根据客人身高、年龄来安排衣柜。这样细心贴心的服务怎能不感动客人。

【案例分析】

对于酒店业而言，为客人创造价值、不断提升产品和服务质量、满足客人需求是酒店的立业之本。所以，要坚持“以人为本、以德治店、以服务取胜”三个原则，把“以客人满意为中心，为客人提供温馨、周到、体贴、关怀的亲情服务”作为服务理念贯穿到每一个对客服务的细节之中。而服务一旦内化为员工的心理需求，员工的积极性和创造性就会持续不断地激发出来，不仅使服务从时好时坏的状态解脱出来，走向规范化、常态化，而且能创新服务、快乐服务；服务文化一旦确立，就能使服务从制度的层面完成文化和观念上的整合，充分发挥服务文化的辐射力、陶冶力、推动力，以锐意创新、追求卓越的服务品质造就企业的核心竞争力。

在碧水湾温泉度假村，员工总是服务在客人开口之前，让每一位来到这里的客人感到尊贵有面子，以超出客人期望的服务为客人创造价值。

服务的至高境界是亲情服务，亲情服务的基础是“以爱己之心爱人”。以这一点为原则，碧水湾温泉度假村在实际工作中总结出“八六服务法则”。

“八个每一次”：每一次电话后面都有一个亲人，每一次与客人的相遇都是展示自己的最好机会，每一次带给客人的惊喜都会带来潜在的客人，每一次办理手续都是提高业务水平的机会，每一次服务都是酒店的广告，每一次细节都是服务的全部，每一次问题的解决都是进步的空间，每一次客人的要求都是努力的方向。“六个细节”：十米微笑、五米问好；电话响三声之内接起；看到五米内有拿行李的客人，“跑两步”提行李；三分钟办完手续；五分钟做好交接；十分的注意力在客人身上。

服务创造品质，品质造就品牌。十年来，碧水湾温泉度假村在致力于打造中国旅游知名品牌的过程中，建立了一套科学的管理模式，造就了一批旅游专业人才，创造出了碧水湾独特的企业文化与服务文化。

【思考与讨论】

1. 温泉企业为什么要进行服务创新？
2. 服务创新要遵循哪些原则？
3. 温泉企业如何进行服务创新？

九、服务投诉

服务是温泉企业的主要产品，温泉企业通过销售服务、设施而赢利。宾客与温泉企业的关系是买和卖的关系，也是被服务与服务的关系。宾客以双方商定的价格来购买特定的服务产品，从而满足物质上和精神上的需要。当宾客认为所付出的费用与得到的服务产品质量不能成正比，即认为所购买的温泉产品物非所值时，就会产生投诉。

1. 正确认识宾客投诉行为

客人投诉不仅仅意味着客人的某些需要未能得到满足，实际上，投诉也正是客人对温泉企业、对温泉员工管理质量和服务质量的一种负面评价。任何温泉企业的员工都不希望有宾客投诉自己的工作，这是人之常情。然而，即使是世界上最负盛名的温泉企业也会遇到客人投诉。成功的温泉企业善于把投诉的消极面转化成积极面，通过处理投诉来促动自己不断改进工作，防止投诉的再次发生。正确认识宾客的投诉行为，就是不仅要看到投诉对温泉企业的消极影响，更重要的是把握投诉所隐含的对温泉企业有利的因素，变被动为主动，化消极为积极。

（1）投诉有助于推动服务质量提高

在温泉企业，一线对客服务人员和后勤部门员工，企业都通过自己的工作与宾客产生直接或间接的沟通，是客人心目中的“温泉企业代表”。从温泉企业的礼宾员、接待员到客房部的服务员、工程部维修人员、保安部保安员，从餐厅领班、服务员到厨房各工序员工，再到洗浴部、养生保健部各岗位人员，他们的工作态度、工作效率、服务质量和效果直接影响客人投诉行为的产生。宾客投诉行为实际上是温泉企业管理质量的晴雨表，通过投诉，温泉企业可以及时发现自己发现不了的工作漏洞；通过投诉，可以鞭策温泉企业及时修补漏洞、对症下药，而且很有可能解决的是长期以来一直存在着的严重影响温泉企业声誉的工作质量问题。即使是客人的有意挑剔、无理取闹，温泉企业也可以从中吸取教训，为提高经营管理质量积累经验，使各项制度不断完善，服务接待工作日臻完美。

（2）宾客直接向温泉企业投诉，给温泉企业提供了挽回自身声誉的机会

宾客在温泉消费过程中产生不满、抱怨、遗憾、生气动怒时，可能投诉，也可能不愿去投诉。不愿投诉的客人可能是不习惯以投诉方式表达自己的意见，他们宁愿忍受当前的境况；另一种可能是认为投诉方式并不能帮助他们解除、摆脱当前不满的状况，得到应有的补偿，一句话，投诉没有用。还有一种可能是怕麻烦，认为投诉将浪费自己的时间，使自己损失更大。这些客人尽管没有去投诉，但他们会通过其他途径来进行宣泄：或下定决心，以后不再到该温泉企业消费；或向亲朋好友诉

说令人不快的消费经历。而这一切,意味着温泉企业将永远失去这位客人,连向客人道歉的机会也没有了。

在以投诉方式表达自己意见的客人中,也存在着几种不同的投诉方式:

①直接向温泉企业投诉。

②向温泉而向旅行代理商、介绍商投诉。

③向消费者协会一类的社会团体投诉。

④向工商局、旅游局等有关政府部门投诉。

⑤利用法律诉讼起诉温泉企业。

站在维护温泉企业声誉的角度去看待客人投诉方式,不难发现,客人直接向温泉企业投诉是对温泉企业声誉影响最小的一种方式。温泉企业接受客人投诉能减少有损温泉企业声誉的信息在社会上传播,防止政府主管部门和公众对温泉企业产生不良印象。从保证温泉企业长远利益的角度出发,温泉利益接受客人投诉能防止因个别客人投诉而影响到温泉企业与重要客户的业务关系,防止因不良信息传播而造成的对温泉企业潜在客户、客人的误导。直接向温泉企业投诉的客人不管其投诉的原因、动机如何,都给温泉企业提供了做出及时补救、保全声誉的机会以及做周全应对准备的余地。正确认识客人投诉对温泉企业经营管理的积极面,为正确处理客人投诉奠定了基础。欢迎客人投诉,“闻过则喜”应成为温泉企业接待客人投诉的基本态度。

2. 温泉服务投诉类型

客人投诉往往是因为温泉企业工作上的过失或温泉企业与宾客双方的误解、不可抗拒力或某些客人的别有用心等因素而造成的。就客人投诉内容的不同,可分为:

(1)对温泉企业工作人员服务态度的投诉

对服务员服务态度优劣的评价,虽然不同消费经验、不同个性、不同心境的宾客对服务态度的敏感度不同,但评价标准不会有太大差异。受尊重需要强烈的客人往往以服务态度欠佳作为投诉内容,具体表现为:

①服务员待客不主动,给客人以被冷落、怠慢的感受。

②服务员待客不热情,表情生硬、呆滞甚至冷淡,言语不亲切。

③服务员缺乏修养,动作、语言粗俗、无礼,挖苦、嘲笑、辱骂客人。

④服务员在大庭广众之下态度咄咄逼人,使客人感到难堪。

⑤服务员无根据地乱怀疑客人行为不轨。

(2)对温泉企业服务效率低下的投诉

如果说以上投诉是针对服务员的,那么,以下内容的投诉则往往是针对具体的事件的。如接待登记、为客人分发更衣柜钥匙速度太慢;休息区客人要饮料却没有人回应等。在这些方面进行投诉的客人有的是急性子，有的确因温泉企业服务效率低而蒙受经济损失，有的因心境不佳而借题发挥。

(3)对温泉企业设施设备的投诉

因温泉企业设施设备使用不正常、不配套，服务项目不完善而让客人感觉不便也是客人投诉的主要内容。如更衣柜打不开、温泉水没有达到客人要求、客房空调不制冷等。

(4)对服务方法欠妥的投诉

即因服务方法欠妥而对客人造成伤害，或使客人蒙受损失引起投诉。如温泉区地面有水以致客人摔倒；客人延期住宿总台催交房费时客人理解为服务员暗指他意在逃账；因与客人意外碰撞而烫伤客人等。

(5)对温泉企业违约行为的投诉

当客人发现，温泉企业曾经做出的承诺未能兑现，或物非所值时，会产生被欺骗、被愚弄、不公平的感觉和愤怒情绪。如温泉企业未兑现优惠的承诺，某项温泉企业接受的委托代办服务未能按要求完成或过时不复等。

(6)其他原因的投诉

如服务员行为不检、违反有关规定向客人索要小费，损坏 、遗失客人物品；服务员不熟悉业务，一问三不知；客人对价格有争议；对周围环境、治安保卫工作不满意；对管理人员的投诉处理有异议等。

温泉企业方面的原因：主要表现为消费环境、消费场所、设施设备未能满足客人的要求；员工业务水平低，工作不称职，工作不负责任，岗位责任混乱，经常出现工作过失；部门间缺乏沟通和协作精神，管理人员督导不力；对客人尊重程度不够；服务指南、宣传手册内容陈旧、说明不翔实等。

客人方面的原因：表现为对温泉企业的期望值较高，一旦现实与期望相去太远时，会产生失望感；对温泉企业宣传内容的理解与温泉企业有分歧；个别客人对温泉工作过于挑剔等。

【案例一】接受投诉也是一种服务

9 月 21 日早晨，酒店大堂热闹非凡，客人都开始退房了。这时，大堂收银处有一位 8622 房的小姐在办退房手续，并大声地与收银员说："请找你们酒店经理来，给我们赔偿损失，我不付房费。"这时大堂值班的大副看到了，急步地走了上去："小姐，有什么事需要我帮忙吗？"

"你是大堂经理吗？你们给我这样一个设施的房间给我们住，还收钱？""对不起，请问小姐房间有什么问题吗？"

"问题大着呢！你们那空调晚上不制冷，弄得我整夜没有休息好，早晨也没有空调，今天我怎么有精神去旅游呢？同时我也向你们酒店昨晚当值的经理反映过，不信你去查一下！”客人仍气怒未消地说道。

暂时安排好客人以后，大副迅速与当值经理了解昨晚的有关情况。确实8622房的空调不好，后给维修好，酒店到凌晨1:30后将主机关闭了，后经当值经理协调一直开到早晨8:00后就关闭了，而客人是在早晨9:00多开始退房的。难怪客人投诉拒不付房费，还要求赔偿损失，同时，大副也将此事及时上报给了总经理，并得到了一定的授权。

大副走上前去，充满歉意地向客人说道：“不好意思，因为我们的设备出现了故障，影响了对您的服务，也给您的休息带来不便，在这里代表酒店向您表示歉意，至于费用嘛，我们会给您打个折，这是我们的过失，欢迎您再次光临。”客人听后较满意地接受了经理的意见。

【案例分析】

1. 礼貌而得体的语言，使客人怒气烟消云散。一次严重的投诉，也因这春风化雨的语言如冰雪消融般化解了。

2. 由于酒店设施的故障，导致客人的投诉，事属平常。关键在于端正我们的认识，必须要认识到：接受投诉也是一种服务，而且是一种更高意义上的服务，这必须成为酒店专业人士的共识。

很多员工及管理人员对投诉颇为忌讳，认为投诉就是对相应部门业绩的一种否定。其实，一个酒店、一个部门的业绩怎么样，大家是看得一清二楚的。顾客的投诉就是对你的信任，如果连这点都接受不了，又何以在日益进步的社会中立足？那种大力开展的类似“创四星级酒店，做通达优秀员工”的活动，岂不是变成一句空话了？所以窗口岗位的殷勤服务固然重要，而虚心接受顾客的意见也是必不可少的。对于客人来说，投诉是为了维护自己的权益，而对于被投诉部门而言，这是一次修补漏洞、改进工作的大好时机，利人利己。即然事情已经发生了，那么虚心地去接受投诉，并认真地去处理，又何乐而不为呢？

【案例二】英国小姐的投诉

有这样一个案例。有一位前台的同事，非常想练习外语。有一天，一位英国小姐路过前台朝大门方向走去，她一见，就用英文问了一句：“Miss, are you going up to the street?”（小姐，你要出去吗？）英国小姐回答说：“Yes, but it is my private things.”（是的，但这是我的私事。）

这位客人认为服务员干涉她的私事，就向主管投诉。主管进行了反复地解释，中国人平时见到朋友习惯问“你出去吗？你去工作吗？”等表示关心。由于主管解释的过程中语言不到位，这位英国的客人一气之下又找到总经理投诉，说服务员问她上街是暗指她去做色情工作，侮辱她的人格，要求做出解释。最后，总经理出面了解事情真相，并向客人道歉。

【案例评析】

在接待服务中，用语必须规范，而此案例中服务员错在与客人交谈时用语不够规范，这是由于不了解中外文化差异导致的。用语不规范，极易触犯客人的隐私，令客人忌讳，从而引起客人投诉。

本案例中服务员原本希望热情地与客人打招呼，却因为没有把握中外文化的差异，而产生负面效果，惹得客人误会和不愉快，导致投诉。服务用语有它特定的使用范围，要用于合适的时间、合适的地点、合适的场合、合适的对象。礼貌规范的服务用语，标志着服务档次与水平。服务人员必须加强中外服务语言艺术修养，对每位宾客说好每一句服务用语，方能保证服务质量，使客人满意，使服务获得成功。

【案例三】重视答复顾客意见

客人来消费后，所填写的意见书都会上交给主管。一次，主管在仔细阅读“意见书”时发现了一份充满了失望和不满的意见单。一位陈先生随团队在温泉旅游消费，结账时总台电脑显示陈先生曾在SPA消费过，但事实上这位陈先生并未进过SPA。当时他坚持要求复查，但电脑都显示陈先生有此消费。由于陈先生所在团队的导游未做协调和其他团队的催促，他只得付了这笔冤枉钱，一直心情不佳，所以在征求意见书中写道：“景点很美，但人心不佳，消费被宰，领队不管。”

看了这份意见单后，主管主动联系当时团队的领队，同时和前台沟通，经过反复调查，发现原来是SPA收银员记错了房号，于是立即联系陈先生，在电话里表示了歉意，并将他冤付的消费金额通过邮汇如数奉还。

【案例评析】

“客人意见单”是收集有关信息的重要手段，通过收集客人的意见，更好地提高服务和管理水平，才能进一步巩固客户关系，争取更多的客源。征求意见不难，难的是发现问题及时处理。重视答复“客人意见”并能纠正错误，才可能将原本已失去的客人变成“回头客”。

【思考与讨论】

1. 如何认识宾客投诉行为?
2. 在以投诉方式表达自己意见的客人中,存在哪些具体投诉方式?
3. 温泉服务投诉有哪些类型?
4. 简述投诉处理的原则和程序。

参考文献

1. 田玉堂. 度假村的理念与操作实务[M]. 北京:中国旅游出版社,2003.

2. 王艳平,王捷. 温泉开发的策划与规划[M]. 大连:东北财经大学出版社,2009.

3. 刘凤波主编. 海泉湾度假区海洋温泉管理实务手册[M]. 广州:中山大学出版社,2011.

4. 吴江徽,傅铁. 温泉旅游管理实务[M]. 北京: 中国旅游出版社,2007.

5. 王艳平,孙巧耘,傅铁. 温泉旅游研究导论[M]. 北京: 中国旅游出版社,2007.

6. 王艳平. 中国温泉旅游. 大连:大连出版社[M],2004.

7. 冯佩英. 御温泉客源预订系统构成及发展策略[D]. 吉林大学珠海学院本科毕业论文,2012.

8. 王　芳. 浅谈温泉度假地餐饮创新——以御温泉餐饮创新为例 [D]. 吉林大学珠海学院本科毕业论文,2012.

9. 徐　辉. 国际旅游业对客服务艺术案例[M]. 杭州:浙江科学技术出版社,2008.